Valeurs Religieuses
et développement durable

Valeurs religieuses

et développement durable

Une approche d'ananlyse des institutions

des Bamiléké du Cameroun

Célestine Colette Fouellefak Kana

Langaa Research & Publishing CIG

Mankon, Bamenda

Publisher:
Langaa RPCIG
Langaa Research & Publishing Common Initiative Group
P.O. Box 902 Mankon
Bamenda
North West Region
Cameroon
Langaagrp@gmail.com
www.langaa-rpcig.net

Distributed outside N. America by African Books Collective
orders@africanbookscollective.com
www.africanbookscollective.com

Distributed in N. America by Michigan State University Press
msupress@msu.edu
www.msupress.msu.edu

ISBN: 9956-578-97-5

DISCLAIMER

All views expressed in this publication are those of the author and
do not necessarily reflect the views of Langaa RPCIG.

Table des matières

Chapitre II
Des valeurs comme base de la vie et du développement des Bamiléké de l'Ouest-Cameroun

Chapitre III
Valeur des rites et cérémonies fondamentaux en pays Bamiléké

Conclusion

Bibliographie

Dédicace

A Fokwabang et à toute sa progéniture.

Remerciements

Nous exprimons notre profonde reconnaissance à KANGE EWANE, professeur émérite de l'Université de Yaoundé I qui, avec son érudition, sa passion pour la renaissance africaine a joué un rôle inestimable dans la conception de ce travail.

Nous saisissons l'occasion pour remercier Edouard BOKAGNE pour le complément d'information, M. Albert JIATSA et Emile KINGUE qui ont pris la peine de relire le texte et M. TCHEWA NJAMBOU Jean –Marie pour la mise en forme du document.

Liste des cartes

Liste des schémas

Liste des photos

Introduction

Nous voulons rappeler l'événement qui a marqué notre vie et orienté toute notre démarche dans la réflexion et la recherche. Il s'agit du décès de notre grand-père Augustin Zèbazé en 1979. Il fut l'un des premiers chrétiens du pays Bamiléké à la mission catholique de *Balépouo*, poste satellite créé en 1922, dans le village Bafou du département de la Ménoua, (Ouest-Cameroun). Ce fut un monogame et père de quatre enfants qui laissa de nombreux petits-fils. En 1982 le conseil familial décida de procéder au rite traditionnel d'exhumation de son crâne [1] et des rites cultuels de conservation comme relique. En 1996, des funérailles furent organisées par la famille à l'honneur du grand-père; funérailles qui élevaient le défunt au rang de dignitaire ancestral. Le membre de famille qui tenait à tout prix à accomplir ce rite était une chrétienne aussi convaincue et pratiquante que ce défunt: il s'agissait de Justine Dongmo, ma tante. Bien après ces cérémonies, je me décidai à lui demander pourquoi elle chrétienne convaincue, a été instigatrice de cette cérémonie. Elle me répondit ainsi :

> « Ma fille, tous les malheurs de notre famille proviennent du fait que mon père Augustin Zébazé n'a pas voulu pratiquer ces rites. Par ailleurs, ta mère Madeleine Demanou est morte très déçue à cause des malheurs qu'elle a endurés toute sa vie : perte par accident de sa fille aînée, maladie de l'un de ses fils, chômage et accident de l'une de ses filles… Tu verras, ma fille, après tous ces rites, la situation changera. Nos aïeux sont mécontents de nous. »[2]

L'attitude de ma tante est celle de la majorité des chrétiens Bamiléké à l'égard de leurs croyances ancestrales. En effet, selon la tradition Bamiléké, tant qu'on n'a pas accompli certains rites traditionnels vis-à-vis des morts, ceux-ci restent mécontents et par conséquent indifférents à nos problèmes. Certes chrétienne, ma tante ne fait pas fi du culte des saints que la foi chrétienne propose dans les difficultés. J'ose affirmer qu'elle a dû invoquer sa patronne « Sainte Justine » pour soutenir et bénir sa famille dans ces cérémonies. L'attitude de Justine Dongmo est donc celle de la quasi-totalité de ces convertis-là. De nos jours, la majorité des chrétiens africains vit leur foi de manière à se concilier avec les dogmes de la foi chrétienne telle qu'elle leur est enseignée et leur croyance ancestrale. La religion chrétienne introduite en Afrique a fait croire en deux réalités opposées : la foi en la révélation apportée par Jésus Christ et la foi traditionnelle en un Dieu créateur de l'Homme et du monde. Il en a résulté la diabolisation des pratiques religieuses traditionnelles africaines. Elle aura amené beaucoup de chrétiens à vivre cette foi traditionnelle dans la clandestinité, tout en affichant, sincèrement leur adhésion à la foi chrétienne.

A. Problématique

Ce comportement des chrétiens pose de manière simple, mais combien dramatique la situation de l'Africain acculturé ; **celui du rejet des valeurs traditionnelles par les missionnaires, celui du vécu par les néophytes de la foi chrétienne confrontés au conflit entre la foi traditionnelle et la foi nouvelle.**

A travers les deux exemples de grand-père Augustin zébazé et tante Justine Dongmo, on a en fait un véritable dilemme historique de deux générations affectées par le message évangélique véhiculé par la « mission civilisatrice » décrétée à Berlin entre Novembre 1884 et février 1885. Augustin Zébazé représente le passé qui a subi et intériorisé la vague colonisatrice ; absorbé entièrement son message et vécu totalement son ordre. Une génération plus tard, Justine Dongmo peut en analyser les effets. Elle le fait à travers des repères civilisateurs qui lui ont été transmis par d'autres ascendants moins imprégnés. Elle sait voir que le malheur la rattache à l'action de l'au-delà où se trouvent ses aïeux, son père qui la rattache aux croyances religieuses africaines et Sainte Justine sa patronne qui la rattache au Christianisme. Par son action, elle envoie là un véritable message qui comporte un jugement sur le sens à donner à nos valeurs traditionnelles.

Face à cette situation, fruit inévitable d'une tragédie imposée par l'histoire, nous pensons qu'il est nécessaire de se pencher ces valeurs, non plus dans un sens de revendication, mais dans le sens d'un enseignement, d'un vécu quotidien tel que Justine Dongmo nous l'enseigne. C'est par elles que se motivent et se déploient les diverses attitudes des peuples. Et quand nous parlons des valeurs, c'est pour introduire ce qu'il y a de fondamental, le génie d'un peuple. Tout ce qui génère une espèce d'optimisme, de confiance, libère les énergies pour un développement harmonieux et durable ; un développement qui répond au besoins du présent sans compromettre la capacité des générations futures à répondre aux leurs.

Notre ouvrage veut répondre à la question fondamentale de restituer la véritable nature des valeurs africaines et plus spécifiquement bamiléké, occultées lors de la rencontre entre Occident chrétien et monde noir dit animiste. Cette tâche est imposée par le malaise que certains chrétiens africains vivent dans l'Eglise. Elle est rendue nécessaire et urgente par le sentiment d'échec de la première évangélisation qui s'est avérée incapable d'enraciner le message de Dieu dans les croyances religieuses africaines dont les missionnaires d'hier n'ont pas su apprécier les valeurs faute d'attention ou de respect à l'égard d'une manière de vivre et de penser.

Cette préoccupation n'a pas laissé indifférentes les plus hautes autorités de la foi chrétienne.[3] Elle interpelle également les laïcs qui, sans cesse, soulignent cette nécessité de tenir compte de toutes les cultures pour corriger désormais les conséquences de la première évangélisation. C'est dans la même perspective que nous avons mené nos travaux, en tenant compte des exigences du contexte actuel. Médias, hommes de culture ne cessent de parler de globalisation, de mondialisation, de village planétaire. La question à se poser est celle de savoir si cette globalisation est de nature à se réaliser sans l'apport des valeurs de l'Afrique ou alors l'occident restera-t-il toujours le chef d'orchestre battant la musique tandis que l'Afrique elle tiendra seulement la section rythmique comme le disait si bien Hubert Mono Ndjana[4] En d'autres termes, les Africains seront ils les éternels consommateurs de la culture des autres? A tous les niveaux, la nécessité de tenir compte de toutes les cultures s'impose.

Mais qui doit apporter, sinon les Africains eux-mêmes les valeurs de l'Afrique pour les sertir dans la construction du village planétaire ? Le temps des revendications est révolu. Les blessures profondes de l'Afrique doivent se cicatriser par cautérisation des virus des cultures et des civilisations de l'Occident pour un corps culturel africain plus sain.

L'espace culturel est donc le plus touché par cette crise. Or, on sait que la culture est ce qui définit un peuple. La culture étant conçue comme le résultat de toute activité de l'homme, son intelligence et son affectivité, ses coutumes et ses repères éthiques. Elle , englobe tous les secteurs de l'activité humaine, le domaine de la technique et de l'économie, du langage et des divers modes d'expression dans les champs politiques et religieux. Elle nous invite à dépasser une définition de la culture comprise comme mode de production « *des œuvres d'art* ». A l'analyse de ce paramètre, on découvre que le culturel comporte divers éléments qui gravitent autour du religieux. Nous pensons qu'en amont, il y a eu cette rupture des bases spirituelles, laquelle a affecté le politique, l'économique et le social. Si le secteur économique est la sphère la plus visible de la crise africaine, il faut dire que celle-ci est avant tout une crise des valeurs dont les conséquences s'étendent sur la vie sociale et politique (Messina J.P. 1997 :7). Pour nous, toute tentative de résolution des problèmes africains devrait commencer par la réhabilitation des valeurs détruites en amont.

Ce travail chercherait donc à montrer les fondements scientifiques, sociologiques et culturels des valeurs africaines vilipendées par le message colonial. Une manière de le faire connaître, c'est de les présenter, de les analyser et de montrer leur pertinence sur divers plans.

Au moment où, en Afrique, les stratégies de développement semblent ignorer la dimension cultuelle, ce travail entre dans cette problématique : sans valeurs religieuses comme vecteur de développement, on risque d'engager encore l'Afrique dans une mondialisation plus meurtrière.

B. Revue de la littérature

Notre travail entre dans le cadre général des questions qui reviennent au centre des débats de la rencontre entre Occident chrétien et monde noir dit animiste. Cette rencontre a soulevé un certain nombre de critiques que nous avons réévaluées à travers nos lectures. Certains auteurs tels F. Kange Ewane,[5] Kengne Pokam,[6] font une analyse historique où se dégage une vaste impression de connivence et de complicité entre le pouvoir religieux et le système de gouvernement colonial. Pour d'autres, la rencontre entre les sociétés indigènes africaines et le facteur chrétien s'est effectuée à l'intérieur d'un contexte marqué par la violence, la soumission et la domination. Nous citons les travaux des plus illustres comme L. Ngongo,[7] F. Eboussi Boulaga,[8] J. M. Ela,[9] A. Mbembe.[10] Nous avons lu avec attention les critiques les plus acerbes déployées par les Africains contre les missions coloniales et néo- coloniales. C'est ici que nous classons les romans de Mongo Béti où l'on décèle la volonté de dire la vérité vécue des relations entre missionnaires Européens et les populations africaines.[11] De même, dans « *Son Discours théologique africain, problème des fondements* », O. Bimwesi-Kweshi donne l'une des formes radicales et décisives de la critique africaine du christianisme colonial.*[12]* Depuis les mouvements de négritude à l'émergence de la théologie dite africaine, il existe de nombreux articles et publications sur les phénomènes et les tendances de la théologie africaine.[13] Plus importants, sont les écrits répondant à une ardente préoccupation de l'avenir du continent Africain, plusieurs auteurs sont convaincus que le christianisme peut jouer un rôle dans cette reconstruction. Parmi eux nous citons G. Kä Mana,[14] F. Kabasele.[15] La publication de J.M. Ela s'insère dans ce cadre. Pour l'auteur en effet

> « Si la théologie est un discours sur Dieu, elle doit s'interroger sur le Dieu en restant à l'écoute des questions fondamentales des hommes et des femmes dont nous ne pouvons ignorer les situations, les inquiétudes et les aspirations. » (Ela J.M. 2003 :8)

La prise de position officielle des prêtres indigènes Bamiléké sur la nécessité de ce discernement chrétien en face des éléments de la tradition pour l'enracinement du christianisme nous a été fournie par des ouvrages avérés. Nous citons en priorité celui d'Augustin

Sagne, *L'Evangile à la rencontre des chefferies* (1917-1964) issu d'une thèse présentée en 1995 pour l'obtention du Doctorat à l'Université Jean Moulin, Lyon III, Université catholique. Prêtre camerounais originaire de la province de l'Ouest - Cameroun, il a su combiner sa connaissance du terrain et son expérience pastorale pour mener une analyse scientifique. Il propose une véritable étude comparée de l'action missionnaire protestante et catholique durant la période de 1917 à 1964 dans l'actuel département du Moungo et la région de l'Ouest - Cameroun. Outre la description des objectifs et méthodes de missionnaires européens, l'auteur s'attelle à montrer les solutions adoptées par les Eglises pour résoudre un problème que l'on dénommera plus tard inculturation. Les efforts en vue de la formation des cadres autochtones, la passation progressive des pouvoirs entre missionnaires et pasteurs ou prêtres camerounais ont constitué l'étape décisive qui aura conduit à l'édification d'une église locale : Église Évangélique du Cameroun et Diocèse Catholique de Nkongsamba.

L'ouvrage de Dieudonné Watio intitulé *Le Culte des ancêtres chez les ngyemba (Ouest Cameroun) et ses incidences pastorales* apporte un autre éclairage. L'auteur part du constat du phénomène de rejet du christianisme chez de nombreux jeunes de l'actuel Diocèse de Bafoussam. Dans ses enquêtes, il affirme que la plus grosse difficulté des catéchistes était liée à l'abandon des traditions et coutumes ancestrales et particulièrement du culte des ancêtres. Ce culte était l'élément central de la religion traditionnelle taxée d'idolâtrie par les premiers missionnaires. Partagée donc entre la nouvelle religion et celle de leurs ancêtres, la majorité des chrétiens a mené une vie de foi double. L'auteur se propose à travers son travail de contribuer à une meilleure connaissance du culte des ancêtres, comme pierre d'achoppement à l'évangélisation.

De même, M. Tegomo Nguetse dans son ouvrage *Evangéliser, notre vision de la mort et des morts* étudie les problèmes que soulève la vision africaine de la mort et des morts. Il faut reconnaître avec l'auteur, écrit André Wouking dans la préface de cet ouvrage,

> « que la mort, dernier acte de notre vie terrestre reste certainement le plus important qui nous définit pour toujours et comme tel, elle se doit d'être évangélisée à l'heure de l'option pastorale pour l'approfondissement de la foi chrétienne ».

Pour M. Tegomo Nguetse en effet, le regard que nous portons sur la mort doit être évangélisé, de même, les activités et autres démarches que nous entreprenons autour de la mort doivent être évangélisées. Les réflexions de l'auteur débouchent sur une apologie pour des obsèques et funérailles chrétiennes.

Toutes ces questions concernent le grand débat sur le vécu quotidien d'un peuple et reste un sujet de discussion qui n'a pas fini de susciter des réactions. C'est dans cette perspective que nous situons nos travaux. Pour nous en effet, il s'agit de cette nécessité de rechercher dans les faits socio-culturels et religieux, ce qui peut constituer un ferment dans la résolution des problèmes africains. Nous pensons que le moment est venu pour les Africains / Bamiléké de vivre désormais complexe leur culture. Loin d'être un narcissisme, le recours aux sources doit nous aider à résoudre certains défis qui se posent dans la vie quotidienne. Si l'histoire nous montre toutes les souffrances dont l'Afrique a pâti par la faute des autres, demandons nous ce que nous pouvons faire pour que la situation de ce continent change.

C. Méthodologie

Le travail est complexe et touche nécessairement d'autres disciplines, théologie, anthropologie, sociologie…Compte tenu de cette configuration, notre approche méthodologique est essentiellement interdisciplinaire. Nous empruntons différentes techniques utilisées en sciences sociales et pouvant nous être utiles. Nous consultons les travaux des théologiens, ethnologues, sociologues et anthropologues. Cette méthode nous permet de pénétrer dans les pratiques et rites observés dans l'univers bamiléké et d'y déceler des valeurs susceptibles de promouvoir un développement harmonieux et durable du bamiléké.

Tout au long du travail, nous sommes attentives aux concepts et aux expressions hérités de la sociologie et même de l'historiographie post coloniale et utilisés pour expliquer les situations africaines. Nous nous interrogeons par exemple sur les concepts culture – civilisation – cultuel – valeur qui reviennent et étayent nos argumentations.

Le présent travail constitue l'aboutissement de multiples recherches entreprises notamment sur le pays Bamiléké au Cameroun. Nos descentes sur le terrain, nos lectures, ont permis de rassembler les éléments utiles au développement de notre thématique.

Le travail sur le terrain a comporté deux démarches : les observations directes et les enquêtes. Les observations directes ont permis de répertorier, dans l'espace géographique bamiléké, des sites religieux : chutes d'eau, montagnes, grottes, forêts sacrées... Ces éléments du milieu naturel influencent directement les comportements et attitudes de ces populations. C'est en effet dans ces milieux naturels que s'organisent les grands rituels. Aussi avons-nous parcouru bien des chefferies de l'Ouest - Cameroun, accompagné des guides et photographes qui nous ont aidés à immortaliser différents aspects des valeurs religieuses bamiléké. Le thème d'étude requiert l'usage des données des sources orales. Pour cela, nous privilégions l'enquête orale. Ces enquêtes menées dans les chefferies bamiléké permettent de vérifier en profondeur nos observations. Elles ont eu pour support un questionnaire. L'objectif est de rassembler des informations sur les pratiques rituelles, de recueillir des témoignages sur les usages en vigueur. Certaines enquêtes permettent de recenser les diverses pratiques sociales ayant trait à notre sujet.

Dans les chefferies, nous recourons aux témoignages des personnes ressources comme les notables, aux hommes et femmes consacrés comme les « *Djussi et Nkemsi, Megni* » sur les rites et cérémonies qui régulent au quotidien la vie et constituent la substance des valeurs bamiléké.

Après ce travail sur le terrain, nous nous sommes orientées vers les bibliothèques pour compléter les informations sur notre sujet. Nous avons exploité divers documents écrits : ouvrages, articles, thèses, mémoires et journaux. Les documents écrits exploités sont de natures diverses. On peut les classer en deux catégories : les sources fondamentales et les études d'intérêt général. Les sources fondamentales concernent surtout les publications des prêtres ayant exercé dans le pays Bamiléké, des travaux des chercheurs en Sciences Sociales. Nous insisterons sur quelques-unes qui reviennent sur les valeurs des pratiques fondamentales en pays bamiléké. Quant aux travaux généraux, ils concernent l'ensemble des publications réalisées par des chercheurs sur les phénomènes religieux et diverses pratiques culturelles dans notre terrain d'étude.

Notre démarche est complexe et touche nécessairement d'autres disciplines en Sciences Sociales. Nous emprunterons à ces dernières des éléments pour étayer notre point de vue dans l'examen historique et sociologique des valeurs du cadre spatial de notre travail. Nous essayons en outre d'organiser cette somme d'informations pour faire apparaître au mieux la vérité historique du sujet qui nous préoccupe.

Les éléments retenus sont présentés en trois chapitres selon le plan suivant : le premier chapitre présentera succinctement les éléments d'autres disciplines devant mieux faire comprendre la vie quotidienne des hommes et des femmes du terroir bamiléké. Nous emprunterons surtout à la géographie physique, y décèlerons l'impact du cadre physique dans l'éclosion des valeurs religieuses. Nous trouvons cet espace Bamiléké très illustratif pour mettre en exergue l'impact du déterminisme écologique sur l'élaboration des faciès culturels d'un peuple. Les données historiques sont évoquées, la connaissance des origines, du peuplement et de l'organisation de l'espace nous paraissant nécessaires pour une bonne compréhension des institutions des Bamiléké du Cameroun.

Les deuxièmes et troisièmes chapitres reviendront sur les valeurs religieuses des Bamiléké du Cameroun. Ces deux chapitres se proposeront d'étayer quelques uns des rites et cérémonies appliqués à certaines étapes fondamentales de l'existence et qui situent le bamiléké dans la trame historique des peuples. Nous essayerons de présenter l'effort de réhabilitation des valeurs africaines qui ressurgissent infailliblement dans la solution des problèmes vitaux ou de destinées humaines.

Notes

1. Nous verrons plus loin que quelque temps après la mort d'un adulte chez les Bamiléké, la tradition voudrait que la relique « crâne » soit retirée du lieu d'inhumation pour le foyer traditionnel des crânes. Des rites divers communément reconnus lui seront voués.

2. Megni Justine Dongmo, entretien d'Août 2000.

3. Le concile Vatican II (1962-1965) non seulement a proclamé que l'Eglise ne privilégie aucune culture, mais que chaque type de culture contient une part de vérité, une part de Dieu qui est vérité :

   « L'Eglise n'est liée à aucune forme particulière de culture, ni à un système politique, économique ou social, par cette universalité même, l'Eglise peut être un lien très étroit entre les différentes communautés humaines et entre les différentes nations…» in Concile œcuménique Vatican II, constitution, décrets, déclarations, messages, texte français et latin, table biblique et index des sources, Paris, Centurion, 1967, p. 262.

   A partir du Concile Vatican II qui a ainsi renouvelé la réflexion sur la mission, la nécessité de l'évangélisation s'est imposée à la conscience de l'Eglise de notre temps. Rappelons les enjeux du Synode Romain de 1971 et de 1974, l'Exhortation Apostolique de Paul VI sur l'évangélisation du monde moderne et récemment l'Encyclique de Jean Paul II sur la mission rédempteur. Le thème central du Synode africain parle sur « l'Eglise en Afrique et sa mission évangélisatrice, vous serez mes témoins » (A.C. 1 .8)

4. H. MONO NDJANA, « La culture africaine à l'heure de la mondialisation » in *Patrimoine* N°0011, février 2001

5. Kange Ewane, *Le Politique dans le système religieux catholique romain en Afrique de 1815-1960*, Paris, Champion, 1976.

6. Kengne Pokam, *Les Eglises chrétiennes face à la montée du nationalisme camerounais*, Paris, Harmattan, 1987.

7. L. Ngongo, *Histoire des forces religieuses au Cameroun*, Paris, Kharthala, 1982.

8. F. E. Boulaga, *Christianisme sans fétiche*, Paris, Présence Africaine, 1981.

   « Le Christianisme et Etat post-colonial » in *Terroirs*, revue africaine de sciences sociales, no 001- mai 1992, PP 46-48.

9. J.M. Ela, *Ma foi d'Africain*, Paris, Karthala, 1985. *Le Cri de l'homme africain. Questions aux chrétiens et aux églises d'Afrique*, Paris, Karthala, 1980.

10. A. Mbembe, *Afrique indocile, Christianisme, pouvoir et Etat —Post-colonial* Paris, Kharthala, 1988.

11. Mongo Béti *Le Pauvre Christ de Bomba*, Paris Robert Loffont, 1956 illustre parfaitement la pertinence de la critique du Christianisme colonial.

12. O. Bimwesi kweshi, *Discours théologique négro-africain, problème des fondements,* Paris, Présence Africaine, 1981.

13. Pour un aperçu sur le sujet, lire le collectif « *Des prêtres noirs s'interrogent* », présence africaine, 1956 et T. Tshibangou, « Les tâches de la théologie, questions aux théologiens africains » in BTA, vol1 1976.

14. Kâ Mana, *La Nouvelle évangélisation de l'Afrique,* Paris, karthala, 2000.

15. F. Kabasele Lumbala, *Le Christianisme, une chance réciproque,* Paris, Karthala, 1998.

Chapitre I

Cadre géographique et données historiques

Carte 1 : Localisation des chefferies bamiléké dans le Cameroun

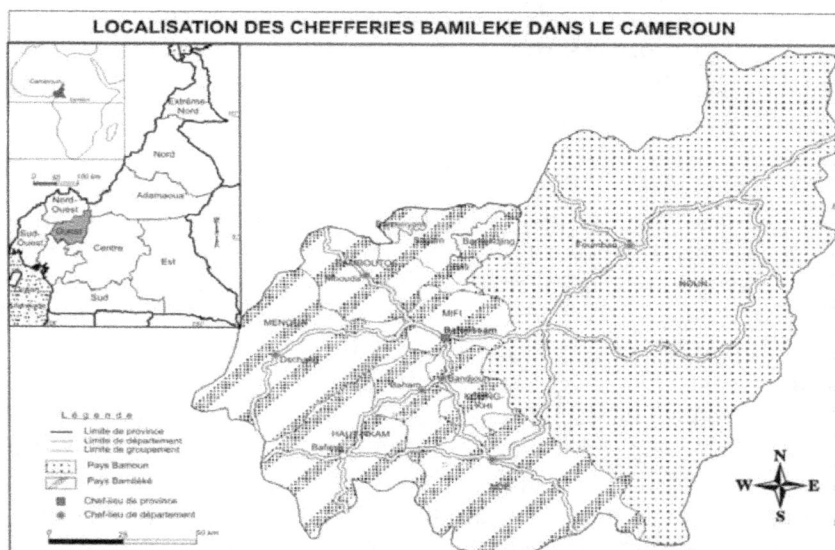

LOCALISATION DES CHEFFERIES BAMILEKE DANS LE CAMEROUN

LES CHEFFERIES DU PAYS BAMILEKE

Toute personne et tout groupe évoluent dans un environnement écologique, c'est évident. Celui-ci se trouve à la source des éléments constitutifs de la culture et de la civilisation. C'est dans cet environnement qu'une personne ou un groupe se donne sa vision du monde, cadre de ses croyances autour desquelles se construit tout son univers à la triple dimension politique, économique et sociale.

Cette partie du travail voudrait présenter, dans le cadre que nous avons retenu pour notre étude à savoir le pays bamiléké, cet environnement écologique ainsi que les éléments d'ordre culturel et cultuel dont ce cadre aura favorisé l'éclosion.

> « Une société donnée est libre de se développer comme elle veut, toujours dans les limites offertes par son environnement ». Julian Steward, Theory of culture change, University of Illinois press, Chicago, 1975, P.35.

Toute civilisation humaine résulte d'un long processus d'adaptation qui plonge ses racines dans le passé. Cela témoigne, sans nul doute, de la capacité d'adaptation de l'homme aux nouvelles conditions écologiques. Le milieu naturel[1] fait ressortir son influence, soit en une action de ses différents éléments sur les activités humaines, soit dans une utilisation intelligente de ce milieu par l'homme. En fait, selon le déterminisme des géographes du XIX et XX siècles, le caractère d'un groupe social s'explique par son milieu. C'est ce qui a fait dire à Y. Veret et P. Pech que cette analyse déterministe pourrait trouver

> « sa justification dans la grande dépendance du groupe par rapport au milieu ; Le groupe y tirait l'essentiel de ses ressources alimentaires. » (Veret Y. et Pech 1993 :5)

Bien des adeptes et les théoriciens de l'écologie culturelle, à l'instar de J. Steward et A. Clausse, ont démontré dans leurs ouvrages l'impact fondamental de l'environnement dans l'élaboration d'une civilisation[2]. D'après leurs études, les traits culturels transmis au fil des générations s'élaborent sous l'influence de l'environnement écologique. Les variations et les changements du cadre naturel peuvent donc modifier la culture des peuples installés dans la région. Ce constat est réel et trouve son explication dans le souci constant de ces peuples à s'adapter aux nouvelles données écologiques. C'est ce que l'environnement et la culture nous permettent de démontrer.[3]

Dès lors, les rapports qui existent entre l'homme et l'espace étant manifestes à plus d'un titre, nos travaux de recherche partent donc de l'hypothèse selon laquelle les cadres géographiques et historiques déterminent la vie des collectivités humaines. Partant de là, nous essayons par la suite d'analyser les relations entre organisation de l'espace et valeurs religieuses sur les Hautes Terres de l'Ouest - Cameroun et dans le cadre d'étude qui est le pays bamiléké. A travers quelques éléments de ce cadre géographique (relief, végétation, faune et flore), nous cherchons à comprendre dans quelle mesure ils auront conditionné l'élaboration du faciès culturel. Ici comme dans d'autres espaces culturels, nous voyons dans le cadre géographique, cet univers ambigu à la fois concret et mythique, peuplé d'êtres visibles et invisibles. Un cadre naturel qui entretient avec l'homme, une infinité d'alliances, une vision purement cultuelle et affective. Ce cadre constitue un enjeu fondamental pour l'équilibre tant psychique que psychologique de ses habitants.

Ainsi, dans la présente étude, nous voulons montrer la logique et l'intérêt de cette dimension sacrée et affective que le Bamiléké entretient avec le cadre naturel à montrer les enjeux spécifiques de l'espace dans la cosmogonie, mais aussi dans les valeurs qui le situent dans la trame historique des peuples.

Dans ce chapitre consacré à l'étude des aspects géographiques et historiques du pays bamiléké. Nous empruntons aux travaux d'éminents spécialistes occidentaux et africains les éléments qui tendent tout simplement à montrer leur aptitude à générer des éléments de la culture, notamment en ce qui concerne leur vision du monde. C'est tout naturellement par la suite de ce développement sur l'écologie que nous faisons intervenir l'homme, acteur et bénéficiaire de ces éléments là. Il en découle une structure bipartite du chapitre. L'un qui regarde les aspects de la géographie physique, l'autre, ceux de l'histoire consécutive à la création des unités politico-religieuses.

A. Le regard sur les aspects de la géographie physique

La démarche qui doit présider l'étude du milieu physique bamiléké sera la suivante : nous retenons trois éléments pour déceler leur rôle dans l'éclosion des valeurs cultuelles et culturelles bamiléké : le relief, la végétation et l'hydrographie. Ce choix s'explique tout simplement par le fait qu'à l'observation, ils sont les plus emblématiques dans la vision du monde des populations de l'Ouest - Cameroun. Ils sont les plus intégrés dans leurs pratiques quotidiennes.

Photo 1 : Vue du paysage du pays bamiléké

Nature	Observations
Une vue du paysage de la chefferie Foréké-Dschang, typique du pays Bamiléké.	Ce cadre géographique aura joué un rôle de premier choix dans l'élaboration du faciès culturel. Il constitue un enjeu fondamental pour l'équilibre psychique et psychologique des Bamiléké.

A.1. la montagne comme réceptacle du divin

Les spécialistes situent le pays Bamiléké dans le vaste contexte des Hautes Terres du Cameroun.[4] Celles-ci s'étendent de la frontière occidentale du pays environ 9° à 11° de longitude Est et de 5° à 7° de latitude Nord. Il s'étend sur une aire montagneuse qui repose sur l'énorme dorsale allant du Mont Cameroun (4100 m) aux Monts Mandara dans l'Extrême Nord. C'est donc un territoire montagneux et escarpé sur un socle volcanique qui rassemble, entre autres pics rocheux les volcans continentaux : Mont. Cameroun (4100 m), Mont. Manengoumba (2396 m), Mont. Bamboutos (2740 m), Mont. Koupé (2050 m).

Cette région gît dans un vaste ensemble morpho-structural, qui comprend deux vastes plateaux ; le plateau Bamiléké (1400 à 1800 m) et le plateau Bamoun (1100 à 1200 m) (Kuete M. 2000 :2). Entre ces plateaux et autour d'eux, le paysage est constitué d'une succession de collines et de vallées au fond desquelles s'écoulent de nombreux cours d'eaux. A ces plateaux et collines vallonnés, il convient d'ajouter les plaines à l'instar de celle de Mbo dans l'arrondissement de Santchou (1700 m d'altitude) et celle du Noun (1100 m). C'est un ensemble dense qui incite à la concentration et à la méditation. On comprend alors cette affirmation de Balandier selon laquelle :

> « Ces peuples montagnards accrochent leurs villages aux pistes granitiques, et se révèlent très attachés à leur montagne, non seulement pour des raisons de sécurité, car elles jouent un rôle refuge, mais aussi pour des raisons culturelles car elles sont le lieu le plus sacralisé »(Morin S.1996 :28).

Il y a quelque chose de quasi naturel au fait que les plateaux de l'Ouest - Cameroun, avec leurs collines vallonnées et leurs plaines constituent un lieu des plus sacralisés. Des paysages similaires en d'autres coins du monde ont inspiré la même ferveur. En effet, un regard attentif sur la genèse des grandes religions monothéistes montre que la montagne a été le lieu privilégié d'inspiration des prédicateurs. Elle s'est révélée le pôle d'où le divin s'est diffusé. Au Mont Sinaï pour Moïse, à Gethsémani pour celui qui est considéré comme le fondateur du christianisme. De même à la Mecque, la principale mosquée conserve encore pieusement la fameuse « *Kaaba* » scellée à l'une des parois. Pour les croyants musulmans, cette pierre noire est dite avoir été apportée à Abraham par l'ange Gabriel. Dans le mental des croyants musulmans, c'est dans cette paroi que sont réunis les déesses et les dieux vénérés. C'est enfin le cas du Mont Méru pour les Indiens. La montagne, à travers ces différentes aires culturelles, a joué un rôle d'inspirateur et conserve un grand symbolisme.

En effet, les montagnes sont naturellement les réceptacles du Divin. Sans doute le sont-elles à cause de leur immensité imposante et leur projection en hauteur ? Disons que l'imaginaire des croyances religieuses associe tacitement le transcendant à la hauteur. C'est là donc le mythe qui le situe au paradis. Une autre croyance Egyptienne dit d'ailleurs que d'en haut vient le Divin Amon Rê. Les mythes décrivent son caractère paradisiaque par le fait que le ciel est une divinité mâle, porteuse de pluie assimilée au sperme destiné à féconder la terre.

Dès lors, il n'y a pas à s'étonner que le caractère massif des plateaux du pays bamiléké, alternant avec les collines vallonnées prolongées de-ci, de-là par de vastes plaines constituent pour les peuples de cette région comme pour d'autres une source d'inspirations spirituelle et religieuse. Ici comme dans les autres aires culturelles évoquées, la montagne est le contenant par excellence de la divinité. De cela, « *Paramount chief* » de Buéa, sa majesté Samuel M. L. ENDELEY est convaincue lorsqu'au sujet du Mont Fako, justement baptisé « *char des Dieux* », il affirme :

« Lorsque le Mont Fako crache le feu, il ne peut s'agir que des effets de colère des dieux qu'il faut apaiser par des sacrifices ».[5]

C'est donc avec raison qu'on y édifie des sanctuaires faits de petites maisons appelées « *nguia-ndem* »,[6] laquelle représente l'endroit, le lieu où vivent les divinités. Il va s'en dire qu'il s'agit là de lieux saints et sacrés, protégés contre toute profanation. Comme la mosquée des musulmans et la chapelle des chrétiens, ces « *nguia-ndem* » constituent des lieux de prières, d'offrandes et de libations pour le Bamiléké.

A.2. la place du relief dans le choix du sanctuaire

Les lieux d'implantation des sanctuaires évoquent le merveilleux, par leur immensité et leur aspect imposant. Situés habituellement à flanc des montagnes comme le « *Memboukem* » chez les Bafou, le « *Mangwa* » chez les Babadjou, Bamessingué, Balatchi et Bangang ces lieux de rencontre avec le transcendant sont naturellement d'accès difficile pour l'homme.

La montagne évoque le Sacré, mais aussi rappelle la souffrance. Le montagnard, au réveil, doit affronter un milieu naturel hostile, ponctué de massifs imposants. Il doit relever le défi des escarpements de failles, des fronts de coulées volcaniques, des horsts, des pistes caillouteuses et ingrates, des versants escarpés.[7] Ces formes gigantesques, qui dépassent l'imagination et l'explication de l'homme sont le symbole de la puissance de l'invisible. Au pied de la montagne, l'homme se sent tout petit, rabaissé et écrasé. Mais son esprit compressé se détend par réaction vers les immensités célestes et tente de dominer l'inconnu. Sa foi seule l'aidera à transcender ces immensités. Ainsi dans le pays Bamiléké, ces reliefs extraordinaires constituent l'habitat de la Divinité. Ce sont des lieux de vénération, matérialisés par une maisonnette soigneusement construite où habitent les divinités protectrices du village. Il en existe évidemment sur toute l'étendue du territoire.

Le « memboukem » est un lieu de piété pour la population Bafou, une chefferie du département de la Menoua. C'est un lieu de culte très célèbre, situé au flanc de la montagne « lekuet- sessa(1625m) ». Il a joué un important rôle, comme site de refuge aux populations pendant les périodes troubles des années 1955-1960.[8] Le « memboukem », pour les populations Bafou (sous chefferie Bassessa en particulier) est supposé abriter le Dieu titulaire de cette chefferie et auquel elles témoignent leur reconnaissance.[9]

De même, *le « mangwa (2 740m) »*[10] sommet des Monts Bamboutos, constitue le sanctuaire des chefferies avoisinantes : Bangang, Babadjou, Balatchi, Bafou, Bamessingué. Tant qu'elle fut couverte de forêt, cette montagne était réputée être la résidence des totems des grands chefs et notables de la région. La mort de l'un d'eux était annoncée par un bruit terrifiant dans toute la contrée. Les initiés y voyaient le fracas d'un chef ; c'est-à-dire son totem dégringolant de l'une des multiples falaises des Monts Bamboutos.[11]

Les rochers constituent également des lieux de recueillement pour le fidèle bamiléké. A Fossong Ellelen, chefferie du département de la Ménoua par exemple, l'énorme rocher « *Tafola* » abrite la principale divinité, et détient les pouvoirs surnaturels des ancêtres royaux et des notables. De taille impressionnante, le rocher est situé dans une zone au paysage splendide et spectaculaire à près de 2 000 m d'altitude. On y rend un culte assidu par de multiples sacrifices. Les notables y demandent annuellement à Dieu bénédiction, protection et bonheur pour la communauté.[12]

A Bansoa, le *« gwo-gong »* littéralement *« Rocher du monde »*, est également un lieu de piété populaire. Cet endroit, dans l'imagerie populaire est le point de dispersion des frères à l'origine de la fondation des chefferies Bansoa, Bamengou, Bameka. C'est ce qui confère à ce site son potentiel cultuel et culturel.[13]

En outre, certaines montagnes du « *Grassfield* » sont supposées avoir des vertus cathartiques ; le « *Koungkhi* » par exemple signifie *« Mont des parias »*. En effet, ceux-ci y étaient soumis à un rituel de purification nécessaire à leur réinsertion sociale.[14]

Photo 2 : Quelques sanctuaires dans les chefferies bamiléké

Nature	Observations
Quelques sanctuaires dans les chefferies Bamiléké	1- Ces sanctuaires jadis confondus à la nature ont connu une évolution architecturale pour embrasser les matériaux et les formes de constructions modernes. Place divinisée au quartier Mbri à Bansoa ; On observe à l'intérieur de la palissade un poteau en béton.
	2- La case du culte traditionnel est en briques de terre recouverte de tôles. C'est « Men lepêh » par Bafou.
	3- On se croirait ici à l'entrée d'un grand restaurant moderne, pourtant, il s'agit d'une des divinités à Bansoa. La distance s'allonge davantage entre la nature et les formes modernisées de ces espaces sacrés.

Nous retenons de tout cet ensemble d'éléments qu'à l'instar de ce qui s'est passé dans d'autres aires culturelles, l'environnement géographique aura fortement contribué à façonner l'âme et la personnalité même des Bamiléké de l'Ouest - Cameroun. Il aura constitué le sous-bassement des différents éléments structurels, support de tous les éléments de sa société politique, économique et socioculturel. Cette approche des éléments de géographie physique aura été renforcée par celle du couvert végétal.

A.3. La végétation, réceptacle des esprits bienveillants et malveillants

D'après les études menées dans la région des hautes terres du Cameroun, les spécialistes[15] sont formels que la végétation originelle dans cette région du Cameroun fut la forêt biafrienne à césalpiniacées. Elle a presque disparu en raison des grands défrichements, laissant dans toute la région des lambeaux de forêts notamment à l'entrée des chefferies[16] et dans quelques îlots qui peuplent les vallées montagnardes (Letouzey B. 1968 :284). Ce sont ceux qu'on peut encore observer sur les versants méridionaux exposés aux vents humides du sud-ouest.

De nos jours, la végétation dominante est une savane anthropique baptisée grassfield par les premiers Européens, terme du « pidgin English » qui a finalement désigné les habitants de la région.

L'essentiel de la végétation actuelle est surtout constitué des palmiers raphia dans les vallées humides, des haies vives et arbres fruitiers qui compartimentent les versants cultivés, les eucalyptus savamment plantés pour divers travaux. Les espèces sauvages sont représentées ici par le ficus, les fromagers. Les sommets des montagnes et collines restent recouverts d'une prairie herbeuse (Letouzey B.1968.276). Certaines de ces essences fournissent du bois pour les œuvres d'art, d'autres sont destinées au chauffage domestique. La troisième catégorie reste frappée du sceau sacré. Elle est réservée pour des emplois spéciaux obéissant à des rituels précis.[17] Ceci n'est évidemment pas propre aux seules populations Bamiléké. L'association de certains arbres au destin d'un peuple se retrouve dans d'autres aires culturelles, à l'instar de ce que nous disions des montagnes.

La végétation, réceptacle des esprits bienveillants a été le lieu de retraite des prophètes des religions monothéistes. Que l'on se souvienne du buisson ardent où Moïse reçut l'ordre de sa mission. Il reste bien connu des chrétiens de toutes dénominations, ainsi que du désert où selon la Bible le Christ se retira plusieurs fois pour prier et converser avec son père. De même, les disciples de Mohammed tiennent volontiers la vocation de leur maître avec le désert, le paysage s'y prête à merveille. La tradition bouddhiste aura pour sa part retenu que leur maître aura reçu son inspiration sous un arbre sacré *« Bodhi »*.

Dans tous les cas, on constate que le couvert végétal a été intimement associé à l'éclosion et à l'entretien des dispositions religieuses. L'on ne doit pas être surpris de constater l'attention révérencielle toute particulière que portent les populations Bamiléké à certains arbres.

C'est sous cet angle qu'il faut regarder notamment la réserve forestière appelée « *lefem* » qui ceinture la chefferie. L'espace comporte « le *nguia-ndem* », maison de Dieu supposée abriter la divinité protectrice de la chefferie. Ce privilège n'est pas réservé au seul chef. Chaque quartier dans cette région possède sa forêt sacrée. L'on retiendra donc ainsi deux types de forêts sacrées :

Le premier type se retrouve habituellement soit à l'entrée, soit en deçà de la concession royale. Soigneusement conservé, ce type marque habituellement le lieu d'inhumation des chefs. C'est ainsi qu'à Bafou par exemple, l'on reconnaît la célèbre réserve forestière du « *Meng lepêh* » où s'était établi le fondateur de cette chefferie après son départ de Baleveng (Djoumessi O. 1979 :21). Il en est de même de la forêt sacrée de Bangang. C'est d'ailleurs pour cette raison qu'elle est baptisée le « *lefem nziée* » littéralement « *forêt du commencement* ».Ce commencement renvoie aux fondateurs du groupe « *gyemba* »[18] avant la dispersion consécutive à la création des chefferies Bagang, Batcham, Bamougong, Balatchi, Ballesing.[19]

Dans la chefferie Batoufam, le « *Kouoghap* » est l'une des forêts les plus étendues du département des Hauts plateaux. Son lieu cultuel porte le même nom et selon les témoignages recueillis sur place, ce lieu de culte a acquis, une notoriété pendant les mouvements migratoires. Les migrants Ndobo[20] en provenance de la plaine du Haut- Mbam, région actuellement occupée par les Tikars y séjournèrent avant de se disperser dans l'ensemble du plateau bamiléké. Cette forêt aurait également servi de cachette pendant les guerres inter -ethniques.[21]

Photo 3 : Vue partielle de la chefferie Batoufam

Nature	Observations
Vue partielle de la chefferie Batoufam.	Plongée dans la forêt sacrée, la chefferie Batoufam est bien logée sous la protection des divinités chefferiales. C'est dans ce cadre que le jeune prince est initié à ses nouvelles fonctions au contact des ancêtres.

Ces forêts sacrées constituent aussi des centres culturels. C'est le cadre où le jeune prince est initié à ses nouvelles responsabilités. La tradition affirme que ces forêts sont les lieux de sépultures des chefs. On comprend alors que le chef considéré de ce fait intermédiaire entre les ancêtres et les vivants y pratique périodiquement des cérémonies rituelles en compagnie des sept ou des neuf notables.

Photo 4 : Vue du site de Nzengmé à Foréké- Dschang

Nature	Observations
Site de la chefferie de Ndongbou Paul sis derrière l'actuelle entreprise Edok- Eter Cameroun au lieu dit Nzengmé.	L'histoire retient que le fondateur de la chefferie Foréké- Dschang est parti de Foto. Tanjun'ju s'installe d'abord à Azuenlà. Suite à l'accord entre Ndongbou Paul et les Allemands consécutif à la création de la ville de Dschang en 1895, Azuenlà se trouvait désormais dans l'espace donné aux Allemands et la chefferie transféré à Nzengmé. La présence des baobabs symbolise « le King-place ». L'histoire retient que ces arbres ont été plantés par les premiers fondateurs de la chefferie. Le baobab est considéré comme sacré car il ne pousse pas n'importe où et annonce des événements malheureux lorsqu'il perd ses branches. L'on retient également de la tradition orale que ce site de Nzengmé est sacré car c'est le lieu d'inhumation de leurs majestés Asssontia, Nkembu et Ndongbou Paul. Nzengmé constitue donc pour le peuple Foréké Dschang, un lieu de repère. La communauté forge son identité en ce lieu et vient périodiquement y faire des sacrifices et libations pour des raisons diverses.

La catégorie de forêts sacrées rencontrées dans les différents quartiers est pour les résidents dudit quartier, des lieux de recueillement et de prières. De ce fait, ce sont les lieux privilégiés de sacrifices par les populations désireuses surtout d'apaiser la colère divine et de maintenir paix et harmonie dans le quartier.

Dans tous les cas, des arbres de la forêt sacrée, que ceux-ci soient à la chefferie ou dans le quartier, trois retiennent particulièrement l'attention. D'abord le fromager *(Ceiba pentandra*, le figuier *(Ficus thoningii)* et l'arbre de paix appelé « *Nken* » en langue yemba.

Le fromager est considéré comme le roi de la forêt. Symbole du pouvoir et de la royauté en pays Bamiléké, il est à ce titre censé abriter les totems doubles du « *Fo* », le chef et des neuf notables « *Nkem livouo* ». Il impressionne, fascine par son allure et sa taille. S'il suscite de l'admiration par sa beauté et sa puissance, il est aussi redouté en tant que symbole de l'autorité et de la force. En effet, le fromager est l'indicateur privilégié de la résidence du chef. Tant qu'il est absent, il n'y a véritablement pas de King place.

Dans la chefferie Bangang par exemple, au lieu dit « Yeuteu », trônent trois fromagers. Outre l'indicateur du King place, leur intérieur creux héberge, dit-on, les totems des ancêtres fondateurs et protecteurs de la chefferie.[22]

L'autre arbre à forte connotation cultuelle ou culturelle est le figuier. Il peut atteindre 5 m de hauteur. Habituellement planté par un père, une mère, un grand-parent qui concède une partie de son terrain. C'est alors le lieu où le nouveau propriétaire doit quotidiennement s'adresser à Dieu en toute circonstance. Tout comme cet arbre qui se ramifie portant de multiples racines et branches, l'acquéreur dudit terrain est censé devoir vivre en harmonie avec le dieu tutélaire de la famille et par là assurer la perpétuité de la famille par une énorme progéniture.

Le troisième arbre plein de sens dans la végétation de l'Ouest - Cameroun est le « *Nken* » ou arbre de paix. On lui attribue plusieurs fonctions. Il sert à matérialiser les limites d'un terrain, à orner les cimetières et lieux cultuels. Sa couleur verte en toute saison traduit la stabilité et la paix. De part ses multiples racines, il symbolise l'importance des relations humaines, l'endurance face à l'adversité, le courage et la persévérance. Arbre sacré, il est porté par les oracles consacrés du pays Bamiléké « *Djuissi et Nkemsi* » médecins, précisément parce qu'ils maîtrisent les secrets curatifs des herbes, des écorces et des racines.[23] Ainsi, il y a des éléments à la fois sacrés et usuels que la « *Djuiss*i » et le « *Nkemsi* » proposent, font usage aux patients ; ce sont la terre ramassée au pied de l'arbre de paix, du sanctuaire, de l'eau contenue dans un vase sacré mélangée à une certaine herbe. Deux plantes herbacées sont utilisées dans le pays Bamiléké pour leur vertu curative, le « *Nduet* » et le « *Melang* ». Elles sont écrasées et mélangées soit à l'huile de palme, soit à l'eau destinée au rituel de bénédiction.

Il ressort des différentes analyses que nous venons de faire tant sur le relief que sur la couverture végétale que la connaissance et la juste appréciation des populations Bamiléké de l'Ouest - Cameroun demande que l'on tienne compte de ces facteurs là. Leur être profond en est façonné jusque dans ses moindres manifestations. Sur ce point, il faut bien le noter, les populations Bamiléké de l'Ouest - Cameroun rejoignent les autres peuples qui tirent, comme nous avons essayé de le montrer toute la substance de leur être profond sous-tendu par leurs croyances, des éléments de leur cadre géographique, relief et végétation. A ces deux premiers éléments, il convient d'ajouter un troisième qui est l'hydrographie.

A.4. Les implications culturelles du réseau hydrographique

Le pays Bamiléké constitue, après l'Adamaoua, aux dires des spécialistes, le second château d'eau du Cameroun. J. Champaud y distingue quatre bassins fluviaux : celui du Nord -Cameroun occidental qui envoie ses eaux vers la Katsino ou la Donga, affluents de la Bénoué. Celui de l'ouest où la Cross River qui se jette dans l'océan à Calabar, collectant la plus grande partie des eaux ; celui du sud, le Moungo et le Nkam rejoignent directement la côte et enfin la plus vaste superficie du plateau et ses abords qui sont drainés par le Noun et le Mbam, lesquels appartiennent au bassin de la Sanaga. (Champaud : 1981)

Du fait du relief accidenté, ces cours d'eau sont coupés de chutes et de rapides qui les rendent impraticables pour la navigation, mais leur confèrent d'importants potentiels touristiques, et cultuels. Avec le relief et la végétation, ces cours d'eau ont contribué à façonner comme le relief et la végétation, la personnalité de l'homme Bamiléké de l'Ouest - Cameroun. Nous allons chercher à comprendre en quoi.

Pour cela, il convient de s'arrêter à une considération d'ordre générale ; elle nous est donnée par Ali Mazrui dans son reportage cinématographique *« The triple héritage »*. IL énonçait: *« At the beginning was the water, the water was God and God was the water. »*

Ce reportage corrobore ce qui apparaît dans la quasi-totalité des traditions, à savoir que l'eau est considérée comme un élément divin qui a donné naissance à la vie. C'est fort de ce savoir que le père de l'histoire, Hérodote d'Hallicarnasse, a affirmé que « L'Egypte est le don du Nil » et à sa suite le grand historien de l'antiquité grecque Polybe confirme que *« La Mésopotamie, le don des deux fleuves jumeaux, le Tigre et l'Euphrate »* (Grimberg C.1983 :141).

La civilisation hellène de laquelle ces géants de l'antiquité sont issus a vu sa renommée perdurer pendant des millénaires. Elle nous amène à comprendre que les grandes civilisations pharaoniques et mésopotamiennes qui l'ont précédées et instruites sur le socle desquelles sont assises la plupart des cultures contemporaines, retiennent l'eau comme origine de l'explosion de la vie et de tout ce qui s'ensuit. Quand on connaît la splendeur des cultures et civilisations de ces deux géants de l'antiquité, l'on est en droit de conclure que l'eau est la matrice de la vie.

> Seulement, « Si l'Egypte est un don du Nil, elle est aussi une œuvre de l'homme... Dans la civilisation pharaonique, bel exemple de déterminisme géographique maîtrisé, les hommes ont composé avec les contraintes naturelles par leur labeur discipliné, et par des séries de choix précis » (Bonheme M.A. et Forgeau A.1988 :12).

Le Nil est bénéfique, certes, mais les conditions de s'en servir nécessitent l'ingéniosité des hommes qui rendent rationnelle son utilisation. Telle est la lecture de l'eau, que l'on retrouve parmi les peuples Bamiléké de l'Ouest - Cameroun, au regard de leur comportement vis à vis de cet élément lequel se manifeste clairement dans certains cas spécifiques. Ce sont ces spécificités qui vont nous amener à quitter les considérations d'ordre général pour nous intéresser aux cas particuliers.

Le premier cas particulier que nous évoquerons est celui des chutes. On les retrouve au flanc des cours d'eau. Les *« fo'o lêpê »* sont les divinités des chutes d'eau. La nature a ainsi mis sur pied d'importants sites pittoresques, lieux de recueillement par excellence. Il s'en trouve dans les différents villages de la région. L'intérêt touristique n'est certes pas absent, mais celui-ci ne fait que se greffer sur un autre intérêt, plus vital et existentiel. Il se manifeste à voir l'impact de l'eau dans la vie des peuples Bamiléké en tant qu'élément du divin. Evoquons le cas de la chute *Apouh* précisément baptisée « *Ndem toupouh* » qui se trouve dans l'arrondissement de Fongo-Tongo, département de la Ménoua. Avant que le Ministère du tourisme construise deux cases touristiques à son entrée, le site était déjà pourvu de ce genre de petites maisons appelées, essentiellement destinées à la population qui s'y rendait périodiquement pour se recueillir et procéder à des libations ou à des sacrifices. Voilà pourquoi, aux dires du Chef Fohouapou Kenne, « *le Dieu d'Apouh comble ses populations de tous leurs désirs et demandes sincères* »[24]

C'est autour de cette chute qu'on faisait les prières et libations ainsi que les grands verdicts traditionnels. Le Ministère du tourisme ne pouvait rester insensible à cet attrait, a lui aussi aménagé à l'entrée de la chute, deux cases touristiques. Celle-ci permettent aux populations voisines et lointaines de séjourner afin d'admirer la beauté et la splendeur de cette extraordinaire et magnifique chute de plus de 100 mètres de hauteur. Pour accéder à l'aval (pied de la chute), le visiteur doit faire un pèlerinage émouvant dans une forêt sacrée, lieu de prière restée vierge jusqu'à nos jours. C'est une innovation du « *nguia-ndem* ».

Photo 5 : Chute « d'Apouh » à Fongo Tongo par Dschang

Nature	Observations
Chute d'« *Apouh* » (chefferie Fongo-tongo par Dschang).	Du fait du relief accidenté dans les pays bamiléké, les rivières et fleuves sont entrecoupés de chutes et de rapides qui leur confèrent un potentiel lieu cultuel et touristique. La chute « *Mami water* » à « *Apouh* » (chefferie Fongo-tongo par Dschang).Haute de 101 mètre a donné naissance à cette épaisse forêt-sacrée. Le gardien des lieux recommande fermement à tous les visiteurs que la traversée de la forêt sacrée jusqu'au pied de la chute se fait dans le strict silence pour ne pas perturber la tranquillité des divinités. Il y a même des jours de la semaine interdits aux visites de ces lieux sacrés. Les mêmes consignes sont observées à la chute de la Mouankeu sise à la sortie de Bafang (axe lourd Bafang- Douala) où des instructions sont parfois affichées à l'intention des visiteurs.

De tout ce que nous venons de dire, il apparait que l'eau a un impact réel sur la vie et l'existence des populations du groupement Apouh de Fongo-tongo.

Le cas de la chute Apouh n'est pas unique. On retrouve les comportements analogues chez les Fongo-Ndeng, chez les Foto, chez les Bafou où l'expression « Fôlepeh » autrement « Dieu de la chute d'eau » est courante. Chez les Fée-Fée de l'actuel département du Haut-Nkam., département qui regroupe les chefferies Balapi, Fotouni, Fondjomekwet Fondanti, Bandja, Babouantou, Bafang, Banka et Bana, la chute baptisée « *Touhoua* » jouit des mêmes prérogatives « qu'*Apouh* ».

Outre les chutes d'eau, les différents bras des cours d'eau ont une connotation religieuse ou cultuelle particulière. C'est le cas du « *Nkeu ntah ntet* », qui se subdivise en trois ruisseaux dans la chefferie Bansoa. En amont, c'est une source qui alimente les eaux des chefferies Bansoa,[25] Bameka, Bamendjou. L'ensemble donne un cours d'eau qui, pour toutes les populations est le symbole de la justice, et de la vérité. C'est par lui que les fils des trois chefferies jurent en portant trois doigts au ciel en cas de contestation.[26] Il est unanimement admis que chaque bras représente un cours d'eau qui porte le nom des chefs de ces villages.[27] A côté de chaque ramification se trouve une réserve forestière, lieu de culte et de divers rites traditionnels. Voici du reste la carte présentant quelques sites cultuels et culturels visités.

Carte 2 : Quelques lieux cultuels dans les chefferies Bamiléké

L'on pourrait multiplier les exemples de cette nature. Tous nous confortent, au regard de ce que nous avons dit au sujet du relief, et de la couverture végétale, dans la pensée selon laquelle, le paysage géographique aura fortement contribué à façonner la personnalité du Bamiléké de l'Ouest - Cameroun. En même temps, qu'il aura contribué à forger son être profond et lui dicter pour ainsi dire, les canons essentiels de sa culture, dans les différents domaines des croyances et de l'organisation sociale.

Cela rend, comme on peut le constater, l'imbrication du cadre naturel dans la construction des faciès culturels en pays Bamiléké. Ainsi se sont construits au fil des millénaires, des horizons culturels imposés par le déterminisme écologique et les circonstances particulières propres aux Bamiléké. Sachant que c'est par ces efforts d'adaptation à son milieu que tout homme élabore son système de croyances, ses institutions socio-politiques et économiques, bref son patrimoine culturel, nous sommes fondé à croire que cet effort de transmission de son acquis constitue sa conscience historique. En cela nous nous accordons avec Kange Ewane pour relever que,

> « Cela signifie tout simplement la reconnaissance à l'Afrique d'avoir légitimé avant toute intervention extérieure, un système propre, parmi les éléments constitutifs de sa culture » (Kange Ewane 2000 :58).

De tout ce que nous avons montré jusque là sur le cadre géographique, nous sommes convaincu qu'il constitue le fondement des croyances religieuses bamiléké. Ce fondement est la valeur intrinsèque, son caractère sacré, ce que le philosophe allemand Emmanuel Kant appelle « *le noumène* ».[28] Cette partie cachée de l'iceberg[29] est la valeur sacrée qui échappe à l'étranger, mais qui constitue la racine, la source des valeurs du peuple Bamiléké. Aborder ces populations sous quelque autre angle que ce soit en l'ignorant nous paraît porter gravement atteinte à son existence et à son histoire. C'est du reste ce que nous entendons établir. Mais avant, nous avons jugé opportun de présenter brièvement ces populations depuis leurs origines jusqu'à leur emplacement actuel.

B. Les données historiques et socioculturelles

Venus séjourner dans ce cadre géographique dont les éléments ; relief, climat, hydrographie et flore ont influencé les productions culturelles, les Bamiléké qui ont été ainsi transformés, apparaissent comme dignes d'objet d'étude. La connaissance de leurs origines, leur peuplement et l'organisation de leur espace nous paraît nécessaire à la bonne compréhension de l'institution traditionnelle qui régit leurs croyances et leur vie.

Quiconque aura parcouru les hautes terres de l'Ouest - Cameroun en tout sens n'aura pas manqué de constater le fait caractéristique que toute la région est parsemée de chefferies. Celles-ci constituent le tissu vital de tout l'organisme qui structure cette communauté. Les quartiers sont connus par leurs chefferies respectives. Le Ministère de l'Administration Territoriale en a dénombré cent six. Ce sont ces chefferies qui, actuellement, constituent la région de l'Ouest. Elle comprend de nos jours sept départements : le Bamboutos, le Haut-Nkam, les Hauts Plateaux, la Ménoua, la Mifi, le Ndé et le Nkoung-Khi.

Le terme « *Bamiléké* », attribué aux groupes humains qui peuplent actuellement cette région des chefferies, on le sait déjà, est un vocable tout à fait inconnu auparavant de ces populations du Grassfield. De même que ce dernier terme qui a fini lui aussi par les désigner et qui représente de nos jours la caractéristique du paysage, de savane herbeuse ; « *grafi* » a fini par désigner la population.

Revenons au vocable Bamiléké. Son origine, relativement récente, a déjà fait l'objet de nombreuses recherches. En attendant d'autres apports, surtout linguistiques et archéologiques, nous proposons ici l'opinion la plus communément retenue. Celle de l'administrateur colonial Delaroziere (Delaroziere R. 1950 :6). Il s'agit d'une définition qui fait remonter l'origine du terme à la pénétration des Allemands en 1903. Parvenus à la cuvette de Dschang, accompagnés par leur interprète, les allemands auraient demandé à ce dernier comment s'appelaient ses occupants. L'interprète aurait répondu que ce sont les habitants des vallons : « *Leke ou Leuke* ».[30] Du fait que les autres populations du plateau leur étaient apparentées surtout par la langue et plusieurs autres éléments de culture, l'appellation fut appliquée à l'ensemble occupant la région en deçà de la dorsale camerounaise, entre 1400 et 4740 mètres d'altitude.[31] Distance correspondant à un bloc géologique qui s'est désolidarisé de celui du Bamoun, lequel s'interrompt brutalement par un escarpement fort disséqué au dessus du bassin du Mbam. En effet, les hautes terres du Bamoun s'isolent des hautes terres du Bamiléké par une grande rupture sud-est nord-ouest au pied duquel coule le fleuve Noun (Kuete M. 2000 :6-8). Quant à nous, nous voudrions nous limiter aux seules populations des 106 chefferies auxquelles nous avons fait allusion.

La première question qui vient à l'esprit est celle de savoir qui étaient ces mystérieux « *Balekeu* » habitant les Hautes Terres du Cameroun ? Cette question en induit une autre toute aussi évidente : d'où venaient-ils et quels itinéraires ont-ils suivi jusqu'à leur habitat actuel ?

B.1. Les origines

La question familière aux historiens et autres chercheurs en de pareilles situations est celle du point de départ des populations en question, liée à celle de leur immigration avant leur installation à leur site actuel. A l'état actuel des connaissances, l'on conviendra volontiers qu'il s'agit là des questions difficiles qui restent dans le domaine des hypothèses susceptibles d'être remises en question au fur et à mesure que les connaissances et les méthodes d'investigations se précisent. En dehors des récits de la tradition orale, les premières synthèses historiques sur l'origine et le peuplement du pays Bamiléké sont l'œuvre des administrateurs coloniaux.[32] Ces études ont été complétées par celles des nationaux (J. L. Dongmo,[33] E. Ghomsi[34]) et surtout par les travaux des archéologues.[35]

De ces travaux variés, il ressort que l'Ouest du Cameroun s'est trouvé à l'aboutissement des peuples divers qui habitaient dans ses environs : Bamiléké, Bamoun ; eux-mêmes descendants de l'ethnie Tikar localisée dans le Haut -Mbam. De ces deux groupes, les Bamiléké constituent le plus numériquement important avant le contact avec l'Occident. L'on peut se demander d'où sont-ils partis pour se retrouver dans le site qu'ils occupent actuellement.

C'est sous cet éclairage qu'il convient de lire les opinions avancées jusqu'ici par les différents chercheurs intéressés à l'origine et aux migrations à l'Ouest - Cameroun. Deux localités ressortent des travaux des chercheurs, la région du Nil et le plateau central camerounais. En effet, déjà en 1960, I. Dugast, étudiant le peuplement du Sud - Cameroun, estimait que les Bamiléké dans les temps les plus reculés de leur histoire, auraient habité la région du Nil.[36] L'on notera la coïncidence chronologique entre cette opinion d'I. Dugast avec la thèse de l'origine égyptienne des Africains, véritable bombe lancée par Cheikh Anta Diop[37] dans les années 50. L'on comprendra alors que l'hypothèse d'I. Dugast a été adoptée par les historiens africains. Emmanuel Ghomsi retiendra celle-ci dans ses travaux de Doctorat en 1972 en affirmant que :

> « Les Bamiléké sont les descendants des pharaons, d'Egypte, leurs ancêtres auraient été chassés d'Egypte par différentes invasions indo-européennes qu'a connues l'Egypte pharaonique » (Ghomsi E. 1972 :33).

L'élément nouveau qu'il apporte par rapport à I. Dugast, c'est les débuts des migrations et le premier arrêt avant la dispersion dans le site actuel.

L'on explique aussi les nombreux traits de cultures communes aux Bamiléké et aux populations pygmoïdes et bantoues, tels l'emploi des peaux d'animaux, le port des parures lors des danses coutumières, l'existence des totems, la pratique de la circoncision entre autres.

Des localités qui ont retenu l'attention des auteurs s'étant intéressés aux origines des populations de l'Ouest – Cameroun, l'Egypte s'avérait donc première. E. Ghomsi nous révèle la seconde. D'après cet historien camerounais, les Bamiléké sont partis de la région du Nil, ils ont séjourné d'abord dans la région du Soudan, puis du Tchad et enfin dans l'Adamaoua.

B.2. Les itinéraires de migration

Le plateau central camerounais revêt une importance capitale dans le mouvement des populations. Il constitue en effet un lieu de confluence où ces populations entreront en contact avec d'autres composantes du pays. I. Dugast mentionne entre autres les Maka, les Fang, les Béti (Dugast I.1950 :130-135). Une opinion veut que les ancêtres des Bamiléké dans ces métissages de plusieurs ethnies et ayant occupé la plaine du Haut-Mbam[38] aient constitué le groupe

Ndobo,[39] fruit du métissage entre les peuples soudanais et bantou. Ce qui justifierait l'appellation de *« Semi-Bantou »* ou de *« Soudano-Bantou »* qui leur est attribuée comme nous l'avons dit plus haut citant J. L. Dongmo.

Le plateau central camerounais[40] aura constitué l'étape décisive avant la dispersion et l'installation des Bamiléké dans leur site actuel. Les auteurs s'accordent sur les motifs de ce départ de la région de l'Adamaoua. Delaroziere, après avoir exposé les avantages sécuritaires que présentait cette région, soupçonne la raison qui a fait partir les Bamiléké :

> « Le plateau Bamiléké, dressé à plusieurs centaines de mètres au-dessus du Noun, n'offrant à première vue aucun passage facile, complètement boisé était peu encourageant. Il est probable que les Bamiléké s'en seraient tenus là si l'imminence du danger ne les avait forcés à passer. Ce danger, c'était l'avancée des Bamoun, refoulés eux-mêmes par les Foulbé. » (Delaroziere R. 1950 :12).

La thèse de refoulement que mentionne cet auteur fait allusion à une occupation très récente des Hautes Terres. Selon cette dernière, les déplacements qui ont conduit les Bamiléké dans leur site actuel semblent être une conséquence des pressions peules ou foulbés du XIXe siècle.

Il faut dire que cette thèse est remise en cause par les recherches récentes. Les envahisseurs sont constitués plutôt du groupe dénommé *Panye ou Bali Chamba* venus de la Haute Bénoué au sud de l'actuelle ville de Garoua, plaine de la vallée du faro, versant des Monts Atlantica jusqu'au XVIIe siècle. L'on reconnait qu'ils auraient séjourné aux environs de l'actuel site de la ville de Garoua au XVIIe siècle ; ce qui correspond en gros à l'âge d'or de la traite négrière. Ils auront ainsi appris l'usage des chevaux, une des pièces majeures d'échange de ce trafic. Pour s'en procurer, ils se constituaient en aristocratie militaire, razziant et écumant les régions vers le sud. Ils possédaient en effet pour rivaux d'autres potentats issus d'une puissante confrérie islamisée ; « les Koona » et les « Bibemie » du Rey-Bouba. La pression de cette confrérie les poussa vers le sud en un premier exode vers la fin du XVIIe siècle où ils croisèrent une alliance significative des « Bata » venus du Bornou. Ils résistèrent tant bien que mal jusqu'au XIXe siècle. Il s'agit bien évidement de la furie peule menant le « djihad » qui achève ces migrations vers le sud. Ce qui au départ était une retraite provoqua un ébranlement ravageur. Les fuyards s'étant transformés en pillards. Les Panye bousculèrent les Tikars dont une colonie émigra à Rifum pour fonder le royaume bamoun. D'autres écumèrent la plaine du Mbam en remontant vers l'ouest.

Quant au groupe *Mboum* installé dans l'Adamaoua depuis le XVᵉ siècle, les chercheurs pensent que cette fraction s'est détachée pour former ceux que l'on appelle les Tikars[41]. Installés dans la plaine, ils auraient émigré, refoulant les premiers groupes de population qu'on appelait les *Ndobo*. Pour pouvoir s'installer, ces *Ndobo* durent soumettre les premiers, « *les Prè-ndobo* » faisant de leurs chefs des sous-chefs.

Signalons cependant que les invasions *panye* dans les grassfields ont entraîné dans les zones touchées une redistribution des populations et leurs concentrations en certains points déterminés. Eldridge Mohammadou montre bien le rôle des *panye* dans l'histoire du Grassfield et explique en quoi leurs incursions ont permis aux centaines des chefferies de se transformer en grands royaumes.[42]

Ainsi, ces envahisseurs à cheval, venus du Nord (*Panye, Pa'ani, Ba'ani Bani*[43]…) et autres, que de nombreuses traditions locales du Grassfield et par la suite divers travaux réputés ont identifié à tort aux Foulbés, sont en fait un groupe des panye: les *Chamba*. Il s'agit plus particulièrement de la faction *Bali* dont l'invasion des Grassfields et ses environs au milieu du XIXe siècle a précédé chronologiquement l'implantation politique peule dans le plateau de l'Adamaoua avec la création des lamidats de Tibati et de Banyo (Notue J.P. 2005 :48-49). Aussi, le schéma pseudo-historique des peuls faisant pression sur les Bamouns, eux même refoulant les bamiléké dans les montagnes apparait comme une erreur.

Cependant, la thèse du départ des populations Bamiléké du plateau central camerounais pour leur installation dans l'actuel site est celle qui prévaut en attendant les nouveaux apports soit des archéologues, soit des linguistes, soit des historiens et géographes.

Toutefois, l'on peut s'accorder pour penser que la pénétration s'est effectuée de façon lente, par segmentation. Les raisons données à ces mouvements sont souvent soit les querelles internes, soit la pression des envahisseurs.[44] Sûrement, d'autres causes d'ordre économique ont dû jouer, à l'instar des facteurs favorables à l'agriculture (Dongmo J.L. 1981 26-27). D'autres témoignages font état des déplacements des chasseurs, accompagnés d'une suite qui durent fonder de petites chefferies. On constate que les migrations furent surtout internes à l'aire linguistique Bantoide. La civilisation des rois chasseurs qui se développa n'a été qu'une prolongation améliorée d'une tradition culturelle ancienne datant de la période proto-bantou. La période des rois chasseurs, fondateurs des royaumes actuels a servi de cadre à de nombreux récits épiques et légendaires. Les rois chasseurs originaires de la vallée du Mbam, de la plaine de Mbo et du plateau bamiléké (Ndobo-tikar) furent très actuels en pays bamiléké créant de principaux royaumes avant le XVIe siècle : Baleng, Bafoussam, Baloum Bangang, Fongo-tongo, Bamendou, Baleveng, Bandrefam... etc. Du XVIe au XVIIIe siècle, on constate alors un relatif éclatement des unités politiques mères du fait de la pression démographique, de la recherche de nouveaux terrains de chasse, et de troubles de successions. Toutes ces raisons qui poussent certaines gens à s'installer plus loin et à constituer des groupes plus ou moins autonomes.

Il ne faut surtout pas oublier les guerres entre chefferies, l'occupation de l'espace étant en effet consécutive aux guerres internes. C'est à la suite de ces querelles que des aménagements de l'espace d'abord par les Allemands, puis par les Français aboutirent à la stabilisation des chefferies dans leur état actuel.

B.3. La socialisation des chefferies bamiléké ; une œuvre des rois chasseurs, fondateurs des chefferies

Les circonstances, surtout celles qui expliquent le départ du plateau de l'Adamaoua, permettent d'expliquer la constitution sociale actuelle en chefferies des Bamiléké. Le peuplement s'est effectué par vagues de familles sous la conduite de chasseurs, de braves guerriers. Ils sont à la recherche des terres vacantes ou des zones vierges où s'établir avec leurs compagnons.[45] La tradition orale affirme qu'un grand nombre de chefferies s'est implanté dans leurs sites actuels à cause de l'abondance de gibiers sur ces lieux. Il s'agit en effet d'un endroit où la chasse a été fructueuse, le chasseur commence à y venir régulièrement, puis finalement s'y fixe avec des compagnons et y fonde ainsi une chefferie.[46]

Nous reprenons quelques récits épiques et légendaires de la tradition orale pour illustrer ce rôle des rois chasseurs, fondateurs des royaumes actuels. Le premier récit, très populaire dans les chefferies Bandjoun et Baleng et consécutif à la création de plusieurs autres chefferies est bien repris par J.P. Notue. Il situe l'origine de ces chefferies dans une petite localité appelée Népégué au XVIe siècle et dirigée par Tchoungafo.

> «Un jour éclata une dispute entre les princes (Notchewegom, Mouafo ou Wafo, Tayo ou Foyo à propos du partage de l'huile de palme et surtout, des projets de succession car Tchoungafo se faisait vieux. Par la suite, Notchewegom, accompagné de quelques partisans dont le notable Tekomghé et mouafo prirent la fuite et s'exilèrent loin pour éviter la vengeance de Tayo, quand ce dernier accéda au trône à la mort du roi. Mais bientôt, Tayo, le nouveau souverain, eut des ennuis avec son Kuipou (second personnage du royaume). Ce dernier, ambitieux, rusé et populaire s'est installé à l'écart du quartier Leng, bien éloigné de la résidence Nepègue. Plus tard, avec la complicité de certains grands dignitaires, il s'empara du pouvoir et le nouvel ensemble deviendra le Royaume Baleng ou lengsap. Les notables qui s'étaient opposés à ce coup d'Etat rejoignirent le prince Notchewegom qui s'était installé à Famleng au sud-est de Bafoussam. Wafo quitte son frère pour s'installer dans l'actuel département du Ndé où il fonde le royaume Balengou…» (Notue J.P. 2005 :52).

L'histoire retiendra que Notchewegom s'installe à *vokeng* (forêt de leng) au quatier *tsebeng* qui abrite de nos jours une ancienne résidence royale. Il est le fondateur de la dynastie Bandjoun.

De même, la fondation des chefferies Baleveng et Bafou dans l'arrondissement de Nkong-Ni (département de la Ménoua) est l'œuvre de très grands chasseurs.(Foka ou Kuetsetsap pour Baleveng, Tella ou Dongmo pour Bafou. La tradition orale révèle que la dynastie qui deviendra Baleveng était fondée par un homme originaire de Lepanfontem, actuel département du Lebialem. Ce dernier s'appelait Foka. A sa mort, son successeur adjoint refusa de jouer les seconds rôles, prit la résolution de se forger une terre d'asile en direction des hauteurs de Bassessa jusqu'à Baleveng. Il y reconstitua une principauté « Fokamezo ». A la mort de cet exilé, une nouvelle crise de succession s'ouvrit au grand jour et c'est dans cette mouvance que la chefferie Baleveng vit le jour. Reprenant E. Tengou, P. Tchoutezo précise que le père fondateur de la dynastie Baleveng s'appelait « Nkuetetsap »(Tchoutezo 2000 :9), révélation que sa majesté Nguemegni Gaston,[47] roi actuel des Baleveng confirme. A la mort de Foka en effet, un conflit ouvert éclata entre Nkuetetsap et Tsapze pour la course à la conquête du trône. Le conflit se solda par la victoire de Nkuetetsap qui s'installa à « Zuenlà ».

De même, en empruntant à la tradition orale, une légende voudrait que la chefferie Bafou soit fondée par un brave chasseur qui quitta « Zuenlà », un quartier de Baleveng pour s'installer à « Meng- lepêh » .C'est l'aveu de la plupart des personnes ressources à l'instar de Mo'o Zo'o [48] et bien repris par O. Djoumessi ;

> « Bafou a été fondé par un certain Talla, fils de Dongmo, frère du premier chef Baleveng ; c'est à la suite d'une querelle avec le chef que Talla est parti s'installer à « Meng lepeh ». Quelques partisans l'ont suivi et ils ont crée cette chefferie. » (Djoumessi O. 1979 : 21).

« Meng lepêh » qui signifie petite chute en langue yemba représente aujourd'hui une petite forêt sacrée au milieu d'un paysage nu. Pourtant c'est dans ce lieu totalement boisé et très giboyeux que fut fondée la chefferie Bafou. Très intelligent, reconnait la légende, Talla connut une vie prospère, vivant de la chasse et conquit vite la conscience des autres notables trouvés sur place. « Meng-lepêh » est donc un lieu de mémoire pour le groupement qui fonde sa légitimité et son identité autour de ce lieu fédérateur, siège de la plus grande divinité des Bafou « Fo'o Meng lepêh ».

Autour de ces chasseurs se retrouvent très vite des gens. Notons que ces individus se regroupent par familles et se reconnaissent comme appartenant à un même emblème, « *le totem* ». Ce totem est l'animal considéré comme ayant une affinité particulière avec le groupe. Il se forme un noyau qui constitue le quartier.

- Le village, ensemble réunissant plusieurs quartiers soit sous l'effet de ruse, soit par alliances, soit par guerres qui sera l'étape finale du regroupement.

C'est ainsi que purent germer et croître tous les premiers noyaux du groupement qui acquirent au fil des temps une importance spatiale. Tous les habitants d'un même village se réclament d'un ancêtre commun.[49] A la tête de chaque village, un chef de village, fondateur principal et détenteur de tous les emblèmes. Son héritier doit être désigné par le défunt à travers un testament écrit ou verbal, ce qui confère au souverain une légitimité qui ne doit en aucune façon être violée.

De nos jours, l'ensemble du territoire Bamiléké est constitué de chefferies.[50] Indépendantes les unes des autres, elles sont structurées autour du chef qui détient soit les emblèmes « totems et crânes des chefs défunts », soit les éléments religieux, fondement de toutes les activités. Rien ne se fait sans l'inspiration de ces emblèmes. Le chef ne pose aucun acte sans leur avis. Le chef Bamiléké est ainsi l'élément fondamental sur lequel repose l'édifice politico-social. C'est autour de lui que s'organisent et s'équilibrent les institutions politiques traditionnelles.

Cette constitution sociale fait penser sous bien des aspects à celle qu'a connue l'ancienne Egypte pharaonique.

B.4. La socialisation des chefferies bamiléké à la lumière de l'Egypte pharaonique

Tous ceux qui ont eu quelques connaissances historiques de l'ancienne Egypte savent que le grand et puissant Etat pharaonique est passé par plusieurs étapes avant de parvenir à un état sous l'autorité d'un seul pharaon. L'on a ainsi parlé tour à tour, d'une Egypte clanique, d'une Egypte nomique, d'une Egypte dualiste et enfin d'une Egypte unitaire. Qu'est-ce à dire ? Tout simplement que l'Egypte a commencé par le regroupement tout au long du Nil, comme en rang dispersé, des familles qui fuyaient la désertification de l'ancienne région divisée et giboyeuse actuellement occupée par le Sahara (Mauny R. 1978 :53-65).

La quasi totalité des spécialistes est unanime que le peuplement de l'Egypte s'est fait depuis le paléolithique (Cheikh Anta Diop 1967 :27-64). Mais au néolithique (- 8000 / - 5000), la désertification du Sahara contraint les hommes et les animaux à trouver des points d'eau autour de la vallée du Nil (Ibid). Comme un peu partout où se produisent de pareils phénomènes, les membres se groupent, se sentent assurément liés, sous l'autorité de quelques forces supérieures, par des liens de sang.

L'histoire retient qu'à la genèse de l'Egypte pharaonique, il eut réunion sous l'autorité d'un seul monarque de deux royaumes : celui du Delta et celui de la Haute Egypte. La constitution des deux royaumes est elle même le point d'aboutissement d'un long processus sociologique lié à des conditions écologiques. A l'origine de la constitution monarchique, et ce d'après les spécialistes, la première organisation est à base clanique : regroupement en unité sociologique, par parenté ou par vénération commune vis-à-vis d'un ancêtre ou d'un totem, c'est-à-dire du Dieu protecteur. C'est ce que Victor Loret a appelé « *Les emblèmes ethniques.* »[51]

Cette première cellule, par phénomène d'intégration progressive, aura donné naissance à des unités sociologiques plus grandes, connues sous la dénomination des nomes.[52] Le nome apparaît comme :

> « Une cellule primitive de constitution politique du pays, antérieure à toute fusion avec le caractère archaïque... d'éléments autonomes groupés autour d'un sanctuaire et régis par un roi prêtre» (Drioton et Vandrier 1975 :4).

Certains auteurs, dans l'étude minutieuse de la structure et du fonctionnement du nome, n'ont pas hésité à voir ici le modèle fini des structures administratives modernes. Il va sans dire que les principes qui auront été à la base de la structure clanique se retrouvent ici en plus grand nombre: un emblème, un guide, membre influent et audacieux, une force supérieure incarnée par ce dernier chargé de ce fait d'assurer l'ordre et l'harmonie entre les composantes. L'avant dernière étape de l'évolution aura été précisément l'Egypte dualiste.

De nombreux facteurs d'ordre géographique et culturel[53] portaient l'Egypte vers un régime socio-politique dualiste : regroupement des nomes par régions géographiques nord-sud, ce que la tradition a reconnu sous le terme *« Haute et Basse Egypte »*. Chaque royaume se caractérise par un roi et un Dieu protecteur du royaume. Il s'agit tout simplement du regroupement des nomes au nord d'une part, au sud de l'autre, autour d'un chef ou roi unique, présentant ainsi deux royaumes aux aspirations intégrationnistes. L'antagonisme, aux dires des spécialistes du phénomène ne se sera résorbé que vers le IVe millénaire avant Jésus-Christ, par la victoire du souverain du Sud.

> « Le dualisme géographique connaît ainsi une expression politique. Le dualisme politique a une date de naissance : l'unification du sud et du nord par Menes, nom sous lequel la tradition égyptienne puis classique a reconnu le fondateur des dynastie. » (Bonheme M.A. et Forgeau A. 1988 : 12).

La constitution d'un Etat de type unitaire vers 3000 avant Jésus-Christ sera l'œuvre de deux rois Scorpion et Narmer ou Menes, par référence à deux documents ; la massue de Scorpion et la palette dite de Narmer.[54]

Avec la réduction des deux royaumes en un seul sous le pouvoir d'un roi unique, l'Etat unitaire se caractérise par le pharaon représentant visible de Dieu et source de toutes les activités soit politiques, soit économiques et sociales.

> « Il reste l'unique intermédiaire entre dieux et les hommes, son pouvoir est intact…il est supposé faire preuve de certaines qualités : générosité, courage, pitié… Le roi, à lui seul, est l'Etat et en assure, face aux dieux, les fonctions essentielles. La plupart des devoirs et prérogatives sont exprimés à un endroit ou un autre temple comme des sanctuaires plus modestes. Tous les actes notables accomplis dans le royaume sont soumis ou offerts aux divinités qui les cautionnent et les comblent en retour de leurs bienfaits le souverain, officiant unique, dont les prêtres ne sont que de discrets substituts. » (Husson G. et Valbelle D. 1972 PP.17-19).

Selon Ian Assmann, cette conception dualiste du pharaon se retrouve avec les variétés spécifiques en Mésopotamie, chez les Hittites et même en Israël avant l'exil avec les caractéristiques suivantes :

« - Une croyance en un Dieu Suprême garantissant l'ordre cosmique en tant que créateur et préservateur.
- Une structure monarchique divine qui fait du roi le représentant terrestre de l'être suprême.
- Existence d'un concept d'ordre universel unifiant les deux sphères du cosmique et du social » (Assmann I. 1994 :25).

Qu'est -ce à dire sous l'angle de notre réflexion ? Tout comme dans ces civilisations antiques, les chefferies Bamiléké reposent sur l'échange entre le Dieu suprême, les divinités secondaires d'une part et le chef traditionnel de l'autre, intercesseur entre les vivants et les morts.

Dans les deux cas, le religieux est à la base de la constitution de l'Etat : tout comme le pharaon égyptien, le chef Bamiléké incarne le divin, il est le garant de la religion et de la tradition.

Ce rappel voudrait permettre de relever quelques analogies d'une part, le processus qui aura présidé à la naissance de l'Etat unitaire égyptien dominé par le pharaon, de l'autre le processus qui aura abouti à la naissance des chefferies bamiléké dominée par la personne du chef. L'occasion sera alors donnée de connaître et de comprendre la nature et les fonctions du chef dans la société bamiléké de l'Ouest - Cameroun.

Photo 6 : Rapprochement entre Egypte pharaonique et Afrique Noire

Nature	Observations
Ces deux photos permettent d'observer le rapprochement entre Egypte pharaonique et Afrique noire	les toits coniques à l'entrée des chefferies bamiléké rappellent bel et bien les pyramides égyptiennes. Ici, l'entrée de la chefferie Foto et la pyramide de Kheops (IVe dynastie) présentent un art d'une ossature puissante et presque immuable, témoin de la grandeur et de la puissance de l'Egypte pharaonique, des chefferies bamiléké.

C. Les chefferies Bamiléké : institutions politico-religieuses

Cette déposition du géographe Martin Kuete nous a paru très instructive sur la question qui est la nôtre.

> « il y a pour chaque village, un brave homme et énergique chasseur qui a quitté les siens et s'en est allé au loin pour s'installer sur un territoire inoccupé, avec quelques camarades et des esclaves capturés en guerre. Cet homme et ses sujets fondent le village. Les pionniers fondateurs du nouveau village engendrent des enfants et donnent ainsi le départ à de nouveaux lignages qui constitueront plu tard la chefferie» (Kuete M. 2000 : 98).

Les analogies, peuvent être relevées à deux ou trois niveaux. D'abord sur les raisons du départ. Il y a un danger. Dans le cas de l'Egypte ancienne, le danger est d'ordre naturel, la désertification de ce qui deviendra Sahara oblige les populations à chercher la vie au bord du Nil. Ici, le danger est d'origine humaine. Les envahisseurs venus du nord ont entraîné une redistribution des populations et leur concentration en un point, ensuite, le mode de déplacement. Les membres d'un groupe, déjà reliés par quelques affinités, constituent la cellule de base. Leurs affinités les rattachent précisément au leader *« brave et énergique chasseur »*, donc assimilés à un guerrier. D'ailleurs, ce guide est lui même guidé par une force supérieure. Enfin, la conséquence de ce qui précède en Egypte ancienne, le « *per-aâ,* », la grande maison, traduite par « *le pharaon* » est précisément, dans le mental des Egyptiens, le lieu de convergence de toutes les énergies matérielles, physiques et spirituelles, pour son seul intérêt, mais pour celui de tout son peuple. C'est avec raison que Hurault y a vu,

> « Le pivot de la société, et on peut dire qu'à 25 pour cent près, tous les habitants lui sont reliés soit en tant que serviteur, soit en tant que parent» (Hurault 1950 :35).

Ce schéma qui fait graviter toute la société traditionnelle africaine autour du chef se retrouve en pays bamiléké. Dans le département de la Ménoua par exemple, il existe un enchevêtrement complexe fait du conseil des neuf notables « *Nkemlevouo* », du conseil des sept notables « *Nkemsabiah* » aux attributions bien sûr différentes, des sous chefferies conquises ou « fonteu », des ministres ou « *Nwala* » et autres « *Ntcho-fo* », serviteurs « Kougang » ou police sécrète de la chefferie. Cet ensemble constitue l'ossature essentielle de la chefferie dont le point de convergence reste le chef. A ce titre, il est le détenteur des emblèmes totems et crânes des chefs défunts, source dans le mental de tout le peuple Bamiléké de l'Ouest – Cameroun, de ses pouvoirs multiformes et de son autorité.

La socialisation de l'Egypte ancienne, nous l'avons dit plus haut, reflète bien celle du pays Bamiléké. Tout y est inspiré du religieux, à l'instar du totem, moteur sur lequel s'est constituée la chefferie. C'est le fondement des croyances religieuses bamiléké. Totems et ancêtres constituent des éléments fédérateurs, qui inspirent toutes les autres activités. Tout comme le pharaon, le chef Bamiléké est le gardien des traditions. Dans les deux cas, aucune décision royale, aucune entreprise n'est innocente ni naïve ni gratuite. Elle s'insère dans le grand jeu qu'entretient l'existence des intercesseurs.

Au regard de tout ce qui précède, notamment le processus qui a présidé à la naissance de la chefferie en pays Bamiléké, qui, du reste, a présenté de réelles analogies avec celui de l'Egypte pharaonique, au regard de tout cela, l'on devrait mieux comprendre cette auréole mystérieuse dont ces chefferies continuent d'être entourées. Le modernisme en a certes terni beaucoup d'aspects, mais l'essentiel s'offre encore au regard de toute personne attentive qui passe par ces Hautes Terres de l'Ouest - Cameroun.

La finalité du processus est naturellement de faire de la chefferie Bamiléké une institution politique mystico -religieuse. Tous ceux qui sont un peu intéressés à la structure étatique de l'ancienne Egypte, surtout à l'Ancien et au Moyen Empire[55], ne manqueront pas d'être frappés des analogies entre les deux structures ; celle de l'Etat pharaonique et celle des chefferies Bamiléké. Elles apparaissent déjà dans la dénomination des souverains. Les Egyptologues savent bien que le terme pharaon avant de désigner la personne, a signifié une chose, un espace, la grande maison ou le grand espace. Par extension, du « *pra aâ* », l'on peut y voir un « *Grand contenant* ». Pour qui connaît les us et coutumes des anciens Egyptiens, il s'agit d'une sorte de Maison du Peuple où l'on stocke des vivres pour la redistribution en cas de nécessité.

Cette idée ressort de ce qu'écrivait l'architecte S. Djache Nzefa à propos du palais de la chefferie qui représente la société toute entière :

> « La résultante de toutes les forces naturelles et supra-humaines du monde Bamiléké. De part sa position, il reçoit les forces émanant des ancêtres dont le pouvoir, la puissance … » (Djache Nzefa 1994 : 11)

Le « *pra aâ* » comme grand espace correspondra ainsi au « *Ntchwed* » des peuples du Ndé (Bangangté, Bangou, Bangoulap….), au « *tsa* » des Bandjoun. Il s'agit d'une dimension politique certes, mais d'abord mystique et religieuse d'un monarque qu'on appelle en langue yemba, « *Na'a temah* » ou de l'être supérieur qu'il incarne et qui occupe l'espace.

La nature mystique de l'espace et du « *Fo'o* » qui l'incarne se manifeste dès l'entrée de la concession royale, faite de neuf toits coniques, signe du rôle protecteur que doivent jouer le conseil des neuf notables. Ces derniers, dans le mental des populations, et comme le disait sa majesté Jean-Claude Momo, de la chefferie Foto, possèdent en effet un don de rétention des forces maléfiques qui guettent sans cesse la chefferie.[56] Masudi Fassassi le relevait en ces termes :

« C'est une écriture qui a pour sens le rite, les fondements de l'équilibre dans la nature ambiante, participant à des catégories architecturales urbanistiques et partant, l'architecture devient le prolongement concret de l'être spirituel » (Masudi Fassassi 1978 :65).

Photo 7 : Entrée de la chefferie Foto

Nature	Observations
L'entrée de la chefferie Foto (Dschang)	L'entrée de la chefferie Foto est marquée par ce « *Nguia –Ndem* » *Nguia=maison*, *Ndem= Dieu* entendons maison de Dieu édifié sous ce figuier planté par le fondateur du village, en quelle année ? L'histoire affirme que la dynastie foto est fondée au XIXe siècle.

L'entrée, riche de symboles, donne ainsi accès au « *pra-aâ* » « *Ntchwed* » *ou* « *tsa* », ce grand espacement dont tous les éléments participent du même mystique. Il en est de même du traditionnel bois sacré aux essences pleines de signification pour chaque homme du peuple, notamment l'imposant baobab-fromager.[57] C'est dans ce bois sacré que sont enterrés les chefs défunts. On comprend qu'on y trouve des lieux rituels où notables et grands dignitaires viennent périodiquement se recueillir et offrir des libations, requérant bénédiction, protection, abondance surtout des récoltes. Par dessus tout, c'est dans ce bois sacré que se trouve le fameux « *La'akam*[58] », centre d'initiation caché au public où l'héritier désigné par le défunt reçoit pendant neuf semaines ses fonctions magico-religieuses auprès de son peuple.

L'on comprend que cette formation soit conforme à des rites bien précis et tenus secrets. Sorti de cette retraite, l'élu n'est plus une personne comme les autres. Devenu le pont entre le visible et l'invisible. Il a selon Jean Louis Dongmo

> « Le plus grand nombre de « pi » (totem) qui lui ont été transférés au cours de son initiation. Ce pouvoir magique est exercé avec l'aide du conseil des sept et de quelques sociétés secrètes. » (Dongmo J.L. 1990 :30)

Touristes de toutes origines et autres chercheurs en sciences sociales qui ont eu l'occasion de visiter quelques chefferies de l'Ouest - Cameroun, ont abondamment témoigné du caractère mystico-religieux qui ressort, non seulement des rites d'intronisation du chef sortant du « *la'akam* », mais aussi des emblèmes dont sa personne est parée: bracelets, colliers, anneaux de bronze et d'ivoire qui ne sauraient laisser indifférent qui que ce soit. Non plus la majesté qui se dégage des perles d'ivoire dont est serti son trône massif posé sur des peaux de panthère, ainsi que les cornes de buffles et les défenses d'éléphants qui en achèvent le décor.

Photo 8 : Les chefs traditionnels parés des emblèmes des souverains bamiléké.

Nature	Observations
-Photo des chefs traditionnels (UNIFAC 2001. Université de Dschang.) -Photo de Djoumessi III Wamba Mathias, actuel roi du groupement Foréké-Dschang. Photo prise lors des funérailles de Djoumessi Mathias en avril 2009.	Ces deux photos offrent le décor des chefs traditionnels bamiléké et les emblèmes du pouvoir royal. Des cornes de bœufs, des défenses d'éléphants, des peaux de panthère, des queues de cheval de couleur blanche qui symbolisent la puissance des chefs traditionnels dompteurs des animaux les plus féroces de la forêt. Le pagne de cotonnade appelé « Nsuo Ndop », les bracelets, les colliers et anneaux d'ivoire ou de bronze dont ils sont rituellement parés ne sauraient laisser indifférent qui que ce soit. Ce sont les symboles de la puissance des souverains du microcosme bamiléké.

Le chef lui-même, tout comme ses sujets les plus avertis connaissent bien le symbolisme fait de force et de puissance reconnu aux animaux qui entrent dans son habillement et la confection de son trône. Loin d'être un homme ordinaire, le « *fo'o* » est l'être supérieur qui établit le pont entre le monde visible et invisible. C'est pourquoi vers lui, converge toute la population de la chefferie. Il est le symbole vivant de l'unité, source de prospérité dans tous les domaines. Ne pas le savoir et prétendre « *civiliser* » le Bamiléké de l'Ouest - Cameroun par une autre lecture du monde que celle-là, c'est en faire un schizophrène.[59]

Photo 9 : Le religieux dans les chefferies bamiléké; l'exemple de la chefferie Foto

Nature	Observations
Le religieux dans les chefferies traditionnelles bamiléké.	1- Ces photos ont en commun d'indiquer l'influence du religieux dans la vie des chefferies bamiléké. Alignement des cases des sociétés secrètes dans la chefferie Foto. Il se raconte que ces cases servaient de réunions aux notables et d'abris aux divinités chargées de protéger la chefferie de tout esprit maléfique. Leur allure traditionnelle reste sauvegardée.

Il se raconte que ces cases servaient de réunions aux notables et d'abris aux divinités chargées de protéger la chefferie de tout esprit maléfique. Leur allure traditionnelle reste sauvegardée.

2- Plongée dans la forêt sacrée, la chefferie Foto est bien logée sous la protection des divinités cheffiales. C'est dans ce cadre que le jeune prince est initié à ses nouvelles fonctions au contact des ancêtres

3- Presque toutes les chefferies bamiléké présentent cette grande entrée matérialisée par une grande case aux neuf toits coniques symbolisant les neufs notables qui constituent les oreilles du chef dans la gestion au quotidien de la chefferie

Les données du milieu physique, les données de l'histoire font émerger en pays bamiléké l'image d'une aire de civilisation originale. Le substrat commun à toutes les populations du Grassfield présente une aire culturelle originale d'une certaine homogénéité. Nous avons à faire à un contexte géographique imprégné du religieux dont un processus de socialisation a présidé à la naissance des institutions théocratiques. La question que nous sommes en droit de nous poser est celle de savoir de quel côté résidaient vraiment des valeurs capables de fonder la vie et le développement de cette communauté.

Notes

1. Nous considérons d'après M. F. COUREL, le milieu naturel comme un espace où se sont réalisés des conditions physico-chimiques précises (sol, eau, température de l'air ou du sol...) favorable à l'existence des êtres vivants (animaux, végétaux, micro-organisme)entretenant entre eux des rapports réciproques. *in Etudes de l'évolution récente des sahéliens à partir des mesures fournies par les satellites*, Thèse d'Etat ès Lettres, 1985, inédit.

2. A. CLAUSSE entend par civilisation, l'acquis matériel moral et spirituel d'un milieu historique. Il s'agit là d'un ensemble des phénomènes sociaux, religieux, intellectuels, artistiques et scientifiques propres à un peuple et transmis de génération en génération in *Le milieu, moyen et fin de la culture*, Paris, édition du Scarabée, 1972, p.74.

3. La culture est cette réponse adaptée que l'homme ajoute aux exigences de son milieu. Contrairement à l'animal, l'homme doit inventer les moyens de défense et de survie. La culture est donc cette action de l'homme pour modifier ses rapports avec le milieu afin de satisfaire ses besoins vitaux.

4. Tout au long de ce travail, nous parlerons de Hautes Terres et non de Hauts plateaux, empruntant ainsi au professeur Martin KUETE selon qui, en géographie physique, le terme Hautes Terres convient mieux pour qualifier ce relief qui est fait, malgré ses altitudes élevées de plateaux, de plaines et de montagnes. Par conséquent le terme Hauts Plateaux auquel nous sommes habitués signifie autre chose que nous n'avons pas au Cameroun. Lire à ce sujet les analyses du prof. M. KUETE : « Le milieu physique des Hautes Terres de l'Ouest Cameroun : un espace aux caractéristiques naturelles difficiles » In *Espaces, pouvoir et conflits dans les hautes terres du Cameroun*, P.U.Y, 2000, PP 1 à 23.

5. Enquête réalisée le 21 mai 2003 auprès de sa majesté le *« paramont chief »* Samuel ENDELEY à Buéa.

6. Cette appellation est celle du groupe linguistique yemba dans le département de la Menoua . Ce sont de petites maisonnettes de forme carrée avec une superficie variant entre 1m2 à 1,5 m2. Elles ont à leur face principale soit un trou, soit une petite porte. Ces ouvertures permettent de faire des sacrifices au nom de Dieu.

7. Fosso, « Du symbolisme de la montagne au psychisme ascensionnel chez les montagnards de l'Ouest- Cameroun », Leçon inaugurale de la rentrée solennelle de l'Université de Dschang, année académique 2000-2001.

8. Ce sont les années troubles parce que liées aux luttes pour les indépendances au Cameroun et dans le pays Bamiléké en particulier. Parmi les partis politiques ; l'U.PC (Union des Populations du Cameroun) et sa branche le Kumze en pays Bamiléké vont subir des sévices qui se soldent par des troubles dans cette région.

9. Nkemlemooh et Mo'o Sop Nguimapi, notables à Bafou, entretiens effectués en août 2000.

10. C'est le nom local du sommet des monts Bamboutos.

11. Témoignage de Martin Kuete, élite intellectuelle de la chefferie Bangang, avril 2004.

12. Enquête réalisée en août 1999 auprès de quelques notables de cette chefferie

13. Entretien avec Hervé Tchakounté et les notables de la chefferie Bansoa.

14. Entretien d'août 2000 avec Joseph Fotso à Bandjoun.

15. B. Letouzey, Etude phytogéographique du Cameroun, Paris, 1968, pp. 265-340. J. L. Dongmo, *Le Dynamisme Bamiléké*, Cameroun, Yaoundé, T1, 1981. J.P. Warnier « Histoire du peuplement et genèse des paysages dans l'Ouest Camerounais », *Journal of African history*, no25, 1984, p. 403.

16. Il s'agit en fait des forêts dites sacrées qui constituent des reliques, des réservoirs des zones phyto géographiques du passé. Elles sont la preuve que des forêts avaient jadis couvert le pays bamiléké et que les savanes actuelles ne sont que le résultat des activités humaines.

17. Sont considérés comme arbres sacrés, les vestiges de forêts primaires que l'on observe actuellement à l'entrée des chefferies du Pays Bamiléké. En effet, le premier acte posé par les fondateurs des chefferies

Bamiléké était de planter un arbre, de préférence un ficus. La façon dont cet arbre végète déterminera la nécessité de rester ou de camper. Quand l'arbre végète bien, il y a harmonie et cela augure un avenir prospère. Quand il meurt, il y a mauvais présage, donc il faut partir.

18. Le gyemba est cette unité linguistique qui regroupe les chefferies Bangang, Batcham, Balatchi, Ballessin, Bamougong.

19. Enquêtes effectuées en mars 2004.

20. Le terme Ndobo désigne les peuples qui, résidant dans le pays Bamiléké, se donnent pour lieu d'origine la plaine du Haut Mbam, région actuellement occupée par les Tikars.

21. Entretien d'août 2003 avec Roger Tchagang, fils d'un notable à Batoufam.

22. Enquêtes du 15 août 2001 auprès des notables de cette chefferie.

23. *Djuissi* et *Nkemsi* sont composés de deux mots, *Djui* qui signifie femme, *Nkem* qui signifie notable et *Si* qui signifie Dieu. De ce fait *Djuissi* et *Nkemsi* veulent dire simplement femme de Dieu, notable de Dieu. Ils sont pour ainsi dire les Hommes consacrés à Dieu, c'est-à-dire mis à part pour un service qui se veut prophétique et sacerdotale.

24. Entretien du 13 janvier 2001 avec sa majesté Alfred KENNE, sous – chef d'Apouh.

25. La chefferie Bansoa se trouve dans l'arrondissement de Penka-Michel et celle de Bameka et Bamendjou dans l'arrondissement de Bamendjou.

26. Enquête auprès du chef et des notables de la chefferie Bansoa, du 1er au 7 juin 2000.

27. A l'observation, l'on constate qu'il y a toujours un cours d'eau qui coule dans le voisinage de la chefferie. Une certaine tradition voudrait expliquer ce fait par celui que l'un des totems du chef est une espèce de crocodile poilu qui vit dans l'eau. Entretien avec le théologien anthropologue Justin FOTSO le 24-11 2004. Ce crocodile fait spontanément penser au « *sobek* » égyptien.

28. Nous faisons allusion à Emmanuel Kant, philosophe allemand (1724 - 1804) auteur de *la Critique du jugement et du Fondement de la métaphysique des mœurs*. Idéaliste, Kant soutient que les choses nous sont connues comme données dans l'espace et le temps, qui sont des formes de la sensibilité. En tant que chose en soit ou « *Noumène* », elles sont insaisissables et incontournables.

29. Le terme iceberg peut être employé ici comme une image forte de la double perception ou conception de la réalité en pays Bamiléké. Le petit Larousse en donne cette définition bloc de glace de très grande taille flottant à la surface de la mer. On sait que la partie émergée ne représente à peu près que le cinquième de l'ensemble. La partie la plus importante n'est pas perçue. Nous le verrons plus loin, certaines parties des rites et cérémonies bamiléké sont cachées et ce sont ces parties qui échappent à l'étranger qui constituent la substance des croyances religieuses. Le mot caché traduit aussi la part du secret et des rites particuliers, les cérémonies autour du crâne à la veille des funérailles constituent une illustration parfaite.

30. Le terme habitant des vallons se dit dans la langue yemba « *leuke* ». le substantif « ba » indique généralement une provenance.

31. M. Kuete, *Le milieu physique des Hautes Terres* P. 20. Il convient de rappeler qu'initialement, on range dans ce vocable, à tort ou à raison, toutes les populations des actuelles provinces de l'Ouest et du Nord – Ouest. Dans le cadre de ce travail il s'agit des Bamiléké habitant l'actuelle région de l'Ouest - Cameroun composée de 106 chefferies regroupées dans les sept départements cités plus haut.

32. Les plus connus sont R. DELAROSIERRE et surtout JC BARBIER dans son ouvrage « Le peuplement de la partie méridionale du plateau Bamiléké » in *Contribution de la recherche ethnologique à l'histoire des civilisations du Cameroun,* Paris, édition du CNRS, vol 2 1981, P.331-354.

33. J.L. Dongmo, *Le Dynamisme bamiléké, la maîtrise de l'espace agraire,* vol I, Paris, 1981.

34. E Ghomsi, « *les Bamiléké du Cameroun. Essai d'étude historique des origines à 1920,* » Thèse de Doctorat de troisième cycle en Histoire, paris, 1972,

35. J.P. WARNIER, « Histoire du peuplement et genèse des paysages de l'Ouest Cameroun *» in journal of African history,* vol 25, no 4, London, Cambridge university press, 1984.

R. ASSONGBANG, «Archaeological history and culture change in Cameroon *» in Savannization process in tropical Africa,* Tokyo, ed by H.KADOMURA, 1994, p. 6.

Bamenda in prehistory, the evidence from Fiye Nkui, Mbi Crater and Shum Laka rock shelters, PHD thesis, University of London, Institute of archaelogy,1988, Unpublish.

D.B. NISEZETE, *Introduction à la recherche archéologique dans la Mifi (Ouest –Cameroun), Mémoire de maîtrise, Université de Yaoundé, 1983.*

36. I. DUGAST, étudiant le peuplement du Sud-Cameroun a distingué deux vagues d'invasion Bantou : la première, dite du sud comprenait les Maka, Djem, Douala et la seconde, celle des Fang et des Beti. Elle conclut que les Bamiléké dans le temps les plus reculés de leur histoire auraient habité la région du Nil avec les Béti, ancêtres du groupe Fang. Lire ces analyses dans *Inventaire ethnique du sud-Cameroun*, Paris, éditions le Charles Louis, 1950, p. 130-135.

37. Il est désormais acquis que l'Afrique possède le foyer de peuplement le plus ancien du monde, l'Egypte étant la plus ancienne des grandes civilisations du passé humain. Grâce aux travaux d'éminents archéologues, égyptologues et préhistoriens, il est désormais possible d'affirmer aujourd'hui un certain nombre de faits sur l'unité culturelle entre l'Egypte ancienne et le reste de l'Afrique. Cheikh Anta Diop traite, d'ouvrages en ouvrages, cette importante question de l'apport de l'Egypte pharaonique à la civilisation. Lire à cet effet *Nations Nègres et cultures*, Paris, Présence africaine, 1954. *Antériorité des civilisations nègres*, Paris, Présence africaine, 1967. *L'Unité culturelle de l'Afrique Noire*, Présence africaine, 1960. *Civilisations ou barbarie*, Paris, Présence africaine, 1981... Ces ouvrages ont apporté un éclairage nouveau qui, bien que ne faisant pas l'unanimité en Occident, ont acquis une certaine notoriété très forte dans les milieux universitaires d'Afrique : le caractère nègre de l'Egypte ancienne. Aussi sont-ils nombreux les éléments qui crédibilisent la thèse de l'origine égyptienne de la majorité des populations en Afrique au sud du Sahara. Au sujet de cette thèse, Cheikh Anta Diop s'appuie sur le fait que les Noirs auraient habité l'Egypte et auraient donné naissance à des dynasties de pharaons. Avec cette thèse, écrit Théophile Obenga, « *une véritable rupture épistémologique et philosophique, un ordre nouveau est né dans la compréhension du fait culturel et historique des africains. Les différents peuples africains sont des peuples historiques avec leurs Etats (Egypte, Nubie, Ghana, Mali, Zimbabwe, Kongo, Bénin...etc). Leur esprit, leur art, leur religion, leur science, mieux ces différents peuples historiques africains s'accomplissent en réalité comme des facteurs substantiels de l'unité culturelle africaine ...* » in T. Obenga, ,*Cheikh Anta Diop Volney et le Sphinx, contribution de Cheikh Anta Diop à l'historiographie mondiale, Paris, présence africaine,1996, p.29.*

38. Nous comprenons que cette zone a été le point de confluence de plusieurs peuples dont les *Ndobo* autrement présentés comme les principaux ancêtres des Bamiléké. Il est donc évident que ces *Ndobo* étaient le fruit d'un métissage entre peuples soudanais et bantous, le Haut-Mbam étant une étape dans leur migration.

39. Les Ndobo désignent les peuples qui, résidant dans le pays Bamiléké, se donnent pour origine la plaine du Haut-Mbam . Ainsi plusieurs témoignages de la tradition orale font venir les Bamiléké de la région du Haut Mbam, région actuellement occupée par les populations Tikars. Les lieux auxquels les Bamiléké se réfèrent sont les villages Ndolie, Ndoba, et Babeng. Lire à ce sujet les données d'ensemble *« people of central Cameroun »* par MMC GULLOCH.

40. E. Ghomsi pense que vers le XIé siècle de l'ère chrétienne, une grande migration soudanaise provenant du sud du Tchad constitué des Mboum s'est installée à Ngaoundéré, à Banyo et à Yoko, op cit p. 65. Notons cependant que le système monarchique des chefferies actuelles, l'emploi de la forge à soufflet à deux branches rattachent plutôt ce peuple aux soudanais fondateurs de Banyo et Tibati où ils trouvèrent les Tikars. C'est sur cet argument que se fondent les tenants d'une origine soudanaise des Bamiléké.

41. J.L. Dongmo et E. Ghomsi s'accordent du fait qu'au XVe siècle, ceux que nous appelons bamiléké étaient encore dans l'Adamaoua.

42. Pour plus amples informations, nous recommandons l'article d'Eldridge Mohammadou, « Envahisseurs du Nord et grassfield camerounais au XVIIIé siècle : le cas du Bamoun » in *Soudan Sahel Studies*, Tokyo, JLCAA, 1986, PP237-273.

43. C'est la déformation d'un même mot selon les langues.

44. Il faut noter que les visées expansionnistes caractérisent la période précoloniale. Par ruse pour phagocyter une chefferie indépendante comme Batsengla et fokamezo à Bafou, comme Kapto à Banjoun. Par alliance, ils volent au secours de certains chefs qui font appels à eux en cas d'agressions : tel est le cas de Bapa lorsqu'elle fut attaquée par Baham.

45. Dans les départements de la Ménoua, du Koung-ki et des Hauts plateaux, les exemples des chefferies Foto, Bafou, Foréké Dschang Bayangam et Baham illustrent bien cette thèse. La tradition orale fait remonter ces chefferies aux chasseurs aventuriers : « Temekouo » pour Foto, Dongmo ou Tella pour Bafou, Tanju'nju pour Foréké Dschang, Fohom et Kengmogne, pour Baham et Bayangam. Notchegom pour Bandjoun. Pour des raisons diverses, ils se déplacent en compagnie de quelques compagnons et s'installent dans des zones giboyeuses du territoire.

46. C'est le cas de Bafou, chasseur venu de Baleveng, de Bangwa chasseur venu de Banbrefam, de Bangoulap, chasseur venu de Bangou, de Foto, le chasseur venu de Santchou… etc.

47. Gaston Nguemegni , entretien du 25 mars 2009 dans sa chefferie.

48. Mo'o Zo'o , est l'un des neuf notables à la chefferie Bafou, interview du 04 avril 2007 à Bafou .

49. A partir du moment où il n'existe pas d'ancêtres communs, le village porte le nom de son fondateur : on dira par exemple, « *Fo leke Dschang* », c'est - à - dire le chef Lékéné de Dschang. L'administration coloniale a contribué à générer cette pratique, appelant constamment chaque chefferie par son chef.

50. La chefferie traditionnelle est un ensemble de quartiers ; des quartiers se regroupent en un village dont les habitants se réclament d'un ancêtre commun. Au départ, il y a pour chaque village un homme qui a quitté les siens et s'est en allé pour s'installer sur un territoire inoccupé avec quelques compagnons. Ce groupe fonde le village et se réclame donc d'un ancêtre commun.

51. Il s'agit des signes distinctifs : taureau, vaches, quelque autre animal, plantes ou insectes à signification sociale. Lire à ce sujet les analyses de Jacques Maquet, in *Dictionnaires des civilisations africaines*, Paris, 1968, pp. 106-107.

52. Kange Ewane, « *Les Grandes lignes historiques de l'Egypte pharaonique : de Narmer à Alexandre le Grand* », *polycopié SDLP.*

53. Comme base géographique, les spécialistes font allusion à la vaste plaine homogène et fertile du nord et aux chaînes montagneuses arides du sud. Comme traits culturels, la couronne royale, le patronage et la titulature. Drioton et Vandrier, op cit, pp 2-43.

54. Il s'agit pour le premier d'une massue de calcaire, recouverte de représentation sur trois registres et pour le second d'une plaque de pierre en forme de bouclier. Lire à ce sujet les analyses de Drioton et Vandrier, op cit, p. 130-132.

55. On en aura quelques idées précises en se référant entre autres à D. Valballe, *Histoire de l'Etat pharaonique*, Paris, P.U.F. ; 1998, P.P. 35-76, 117-186. E. Drioton et J. Vandrier, *Les Peuples de l'Orient méditerranéen II, l'Egypte*, 4e édition, Paris, 1962. J C. Goyon, Rê, *Maât et pharaon*, Paris, édition A.C .U.; 1998.

56. Interview du premier mai 2000 dans le palais de la chefferie Foto.

57. La présence des grands arbres tels que le baobab (*Ceiba pentandra*) dans sa cour ou à l'entrée de la chefferie. Un bosquet (forêt sacrée) dans lequel le séjour des non initiés et la chasse sont strictement interdits. Ce bois tient lieu de cimetière à tous les chefs décédés, de cachette de totem, d'initiation du prince. C'est aussi une réserve de plantes médico-magiques

58. La'akam veut dire littéralement parlant « village de la noblesse » ; c'est le lieu d'initiation et de formation au métier de chef.

59. Nous faisons allusion à un malade atteint de la schizophrène, malade mentale caractérisée par l'incohérence et la rupture de contact avec le monde extérieur. Comme ce malade, le Bamiléké, l'Africain est en rupture avec ses racines cultuelles et culturelles, il est pour tout dire, acculturé.

Chapitre II

Des valeurs comme base de la vie et du développement des Bamiléké de l'Ouest-Cameroun

U n peuple moulé dans un contexte géographique totalement imprégné du religieux tel que celui que nous venons d'étudier dans les pages précédentes peut-il concrètement et pratiquement disposer des valeurs qui le situent dans la trame historique des peuples ? Peut-il avoir suffisamment prise sur les exigences quotidiennes de l'existence au point d'exercer son influence dans tous les secteurs de la vie de sa communauté ? Un tel questionnement naît du contexte actuel qui n'a pas fini de vivre les conséquences historiques de la rencontre des cultures.

A. Du contexte de la rencontre entre Occidentaux chrétiens et africains

> « Toutes les cultures, quelles qu'elles soient, et à des degrés divers manifestent des préjugés pour, et plus souvent contre, les gens dont l'apparence est inhabituelle» (Martin Bernal 1996 :247).

Ce n'est pas le lieu de s'attarder ici sur ce qui peut être considéré comme un lieu commun, à savoir la rencontre des Occidentaux, porteurs d'une civilisation aux éléments spécifiques, avec les Africains caractérisés eux aussi par leurs civilisations spécifiques[1] Le constat plus haut évoqué de M. Bernal allait fatalement se produire, entraînant des préjugés face à ce qui, de l'autre côté, paraissait inhabituel. La réalité et l'histoire de cette rencontre ont déjà fait l'objet de nombreuses études. D'abord par les Occidentaux, ensuite des Africains qui, souvent, peinent à dire autre chose que ce que leurs prédécesseurs et maîtres occidentaux ont déjà affirmé. Quoi qu'il en soit, il est désormais acquis par les uns et les autres que l'histoire de cette rencontre, des XVe/ XVIe siècles jusqu'aux XIXe/ XXe siècles, s'est enlisée dans la traite négrière, puis a continué par les impérialismes au cœur du continent africain, engendrant une colonisation dont les effets néfastes restent récurrents dans la vie actuelle de l'ensemble des Africains. Diverses études nous ont déjà révélé, avec plus ou moins de bonheur, la nature et les caractéristiques essentielles de chacune de ces étapes.

Il faut avouer que le contexte s'y prêtait. En effet, les Occidentaux, directement impliqués dans la longue histoire des contacts avec les Africains étaient convaincus que ceux-ci sont issus d'un univers caractérisé par deux éléments essentiels. D'une part, par la couleur de leur peau et, d'autre part, par leur manière de concevoir la structuration du message de Christ, compris, cela va sans dire, selon les catégories culturelles de l'univers occidental. Tous ceux qui connaissent l'origine et l'évolution de cela depuis la conversion de Constantin au IVe siècle de notre ère, jusqu'à la récente guerre d'Irak, en passant par les imposantes croisades entre le monde arabo-musulman, reconnaîtront volontiers avec M. Bernal que, dans le contexte des rencontres avec les Africains, *« L'Europe est assimilée au christianisme »* (Bernal M. 1996 : 234). Quiconque se rappelle la formule de longue vie dans l'enseignement et la pratique de ce christianisme là, à savoir : *« hors de l'Eglise (christianisme) point de salut »* doit convenir que, dans ce contexte occidental, à l'heure de ses contacts avec les Africains, tout prédisposait à de multiples préjugés tenus d'autant plus normaux qu'on leur trouvait un fondement indiscutable dans une Bible tendancieusement interprétée. Ainsi, le rappelle fort bien Dominique Franche:

> « Comme Cham lui même n'avait pas été maudit, on transforma les Egyptiens (un groupe d'Africain) à la peau sombre... un des descendants d'un fils de Cham, sur qui... pesait la malédiction... » (Dominique F.2004 :14)

Les Occidentaux engagés dans les contacts avec les Africains se croyaient donc en droit d'établir *« un lien tout à fait net et naturel entre la peau sombre de ces derniers, le mal et l'infériorité»* (Bernal M. 1996 :248). Cet éclairage permet quelque peu d'expliquer les atrocités commises pendant les longues années de la traite négrière, et de la colonisation.[2]

L'autre élément favorable à l'action des Occidentaux engagés dans le contact avec les Africains était le fait indiscutable des progrès réalisés en Europe depuis les XVIIIe et XIXe siècles. Portant un regard sur cette Europe, continent de progrès, M. Bernal en relève une figure emblématique : Newton (Bernal M. 1996 :335 247)..

L'auteur parle volontiers « *d'un monde post-newtonien* » dans lequel

> « La notion de supériorité européenne s'impose, soutenue par le progrès économique et industriel, ainsi que l'expansion européenne sur d'autres continents dont l'Afrique » (Ibid).

Avec ces deux éléments caractéristiques du contexte d'où partirent les Occidentaux à la rencontre des Africains, nous nous croyons fondé pour dire que toutes les conditions se trouvaient réunies pour que les premiers cultivent plutôt des préjugés contre les seconds dont l'apparence leur était inhabituelle. Ces préjugés pouvaient-ils se limiter à la seule apparence ? Si les Occidentaux, à la suite de l'interprétation tendancieuse du récit biblique de la malédiction de Cham, étaient parvenus à établir un lien net et naturel entre la peau sombre, le mal et l'infériorité, ne devenait –il pas tout à fait normal que tous les éléments civilisateurs des Africains perdent leur valeur à leurs yeux ?

C'est tout naturellement évident que, reprenant la lecture des mots « culture et civilisation » de E. Tylor, tout le savoir des Africains, toutes leurs croyances, tout leur art, tout leur système éthique, toutes leurs lois, aptitudes et coutumes (Tylor E.1881 :8) ne mériteraient aucune attention ; parce qu'inaptes à propulser quelque dynamique historique orientée vers le développement. Quel crédit convient-il de donner à une telle lecture ?

La recherche des éléments de réponse à cette question se limiterait à la présentation et à l'analyse des populations Bamiléké sur lesquelles nous avons circonscrit notre recherche. Ils nous sont plus familiers, comme cela apparaît au premier chapitre de notre travail tout simplement. Toutefois, nous essayerons autant que faire se peut d'évoquer de temps en temps des éléments d'autres groupes africains.

Pour commencer, nous entendons éclairer le contenu que nous attribuons aux vocables « Valeurs- culture -civilisation», cela pour éviter tout quiproquo et lever autant que possible les équivoques.

Nous entendons par « culture », au sens du dictionnaire de la langue française, deux acceptions possibles : un sens métaphysique tel que la culture comme travail de la terre en vue de la production agricole et un sens plus progressif de développer, de mettre en valeur une ou plusieurs facultés. Nous y voyons un ensemble de connaissances fondamentales dont l'acquisition contribue au développement intellectuel, moral, spirituel d'une collectivité. La culture d'un peuple au sens plein englobe ces deux réalités ; conception du vécu physique et métaphysique. Du reste, il existe de nombreuses spécifications de la culture qui corroborent cette définition de comportement global et spécifique d'une collectivité. Pour E. Tylor:

> « La culture est un ensemble complexe qui comprend le savoir, les croyances, l'art, l'éthique, les lois, les coutumes et toutes autres aptitudes ou habitudes acquises par l'homme comme membre d'une société »(Ibid).

Dans ce sens, les valeurs d'une société ; habitudes alimentaires, rites de naissance, mariage, initiation, croyances religieuses, langage participent à la culture de cette société là. C'est en ce sens large que nous employons le mot culture pour désigner tout ce par quoi l'homme développe son esprit et son corps ; s'efforce de soumettre son univers par la connaissance et le travail ; humanise sa vie sociale, et fait progresser ses mœurs et ses institutions ; traduit, communique et conserve ses œuvres au fil du temps. Cette définition que le concept culture , comprise uniquement comme *« production des œuvres d'art »* est très incomplet. Il possède nécessairement une dimension englobant un ensemble de valeurs et de référents qui engendrent les modes de vie.

Un détail culturel en pays bamiléké montre la précaution que l'on prenait pour éviter la détérioration du milieu naturel : on y défendait strictement de verser de l'eau bouillante au sol, pour ne pas y tuer la vie qu'enfermait la terre. Donner, recevoir et suivre cet enseignement qui, toute proportion gardée, contient les valeurs culturelles, c'est s'introduire dans la civilisation d'un peuple. Il ne serait pas superflu de s'attarder à définir une civilisation.

Selon le dictionnaire Larousse civilisation vient du latin *civilis*, *civis* qui veut dire citoyen. La civilisation c'est la citoyenneté d'une personne, d'un peuple. Le Larousse précise, *civilis* est l'action de civiliser, et ajoute : « *la civilisation est l'ensemble des caractères propres à la vie intellectuelle, artistique, morale et matérielle d'une société humaine* ». Autrement dit, c'est le peuple qui civilise en invitant les personnes vers un ensemble de valeurs, mais c'est aussi l'individu qui se civilise en apprenant, en assimilant les valeurs de sa société. En définitive, la civilisation est le vécu de la culture, la mise en pratique des valeurs culturelles, morales, spirituelles, artistiques apprises de ceux qui les ont conçues et en ont vécu les premiers.

Le terme culture est ainsi assimilable au terme civilisation. Alors que la civilisation relève du collectif et du général, la culture, au contraire relève du particulier, mais les deux sont conformes aux réalités de leurs milieux naturels respectifs. Avec Aguessi, nous dirons que

« La culture désigne l'ensemble des systèmes des valeurs caractérisant une population donnée, alors que la civilisation caractérise l'ensemble des systèmes des valeurs que partagent plusieurs populations. » (Aguessi 1978 :85)

Entendue ici comme un tout intégrant les institutions sociales en vue de satisfaire les besoins humains, la culture pousse à établir le constat de l'identité de chaque groupe humain car, en tout point du globe, il est une conception particulière de l'existence en fonction de son milieu naturel spécifique.

Nous ne terminerons pas cette petite quête terminologique sans évoquer le terme cultuel que nous emploierons souvent.

Le Larousse défini cultuel comme ce qui est relatif au culte ; culte comme hommage rendu à une divinité. Son sens est fondamentalement religieux comme exprimant une attitude pratique de l'homme avec Dieu : rendre culte à Dieu, ce n'est que du galvaudage, par corruption du terme qu'on parle de rendre culte à un homme ou de faire le culte de la personnalité.

L'éclairage de notre interprétation impose aussi de donner le contenu que nous retenons dans le vocable « valeur ». Il n'est pas rare d'observer que dans des échanges d'opinions, l'usage du même terme mais avec des acceptions différentes. Tout simplement les compréhensions des uns et des autres reflètent des prédispositions psycho-mentales qui n'ont pas nécessairement les mêmes résonances. Nous avons estimé avantageux de faire connaître ce que nous entendons par « valeur » dans ce travail.

Des différents sens donnés par le Petit Robert de 1992, le tout premier nous a semblé contenir l'essentiel, lorsqu'il parle de « *Ce en quoi une personne est digne d'estime, quant aux qualités que l'on souhaite à l'homme dans le domaine moral, intellectuel et professionnel* ».

Cette définition a retenu notre attention tout simplement parce qu'elle colle mieux, à notre sens, avec la notion de culture précédemment définie par E. Tylor. La nuance suggérée par A. Kagame entre culture active et culture objective [3] apporte un supplément à cette présentation qui éclaire davantage notre préoccupation. Certains préjugés voudraient que le savoir des Africains, leurs croyances, leur art, leur système éthique, leurs lois, aptitudes et habitudes acquises soient inaptes à promouvoir un quelconque dynamisme vers le développement. Sous- entendent-ils aussi que toute capacité de création en tout être humain, doté de facultés d'intelligence, de la volonté et autres énergies physiques soit inexistante chez l'Africain ? N'a-t-on pas, en effet, déduit du nominalisme de Locke, vers la fin du XVIIIe siècle : « *Les Nègres n'étaient, dans la grande chaîne des êtres, qu'un rang au dessus des singes qui d'ailleurs, venaient aussi d'Afrique* » (Bernal 1978 : 249).

L'analyse que nous nous proposons de faire vise ainsi à apporter les éléments de réponse à ce double niveau. Les Africains en général, les populations bamiléké de l'Ouest-Cameroun en particulier ont donné des preuves qu'à l'instar des autres groupements humains dans le monde, ils sont dotés des capacités créatrices propres à leur génie. Ils ont donné la preuve de ce que nous appelons à la suite d'A. Kagame, d'une culture active. En clair, ils se sont montrés capables, comme les autres d'explorer, d'exploiter et de transformer les éléments de leur environnement propre pour satisfaire leurs besoins fondamentaux. Tous ceux qui sont intéressés à ce continent, tel qu'il a vécu avant le contact des Européens, soit des balbutiements de ses débuts jusque vers les XVe/ XVIe siècles, ont unanimement attesté de la réalité de cette culture active à travers toute l'Afrique.[4]

La question qui reste posée, à la lecture des préjugés évoqués ci-dessus est de savoir si les éléments induits de cette culture active ; savoir, croyances, arts, éthiques, lois, coutumes, peuvent être promoteurs de développement dans les différents domaines de la vie politique, économique et social. Pour bien cerner la question nous avons réparti cet ensemble en deux rubriques. La première comporte tous les éléments qui ont trait au religieux, aux croyances et à l'éthique. La deuxième regroupe les éléments d'ordre socio-économique qui, comme les rites, coutumes et pratiques observables au quotidien, participent au vécu quotidien.

B. Valeurs dans la société bamiléké

Une remarque préliminaire avant de nous engager dans la recherche des valeurs réelles de chacun des éléments des trois rubriques précitées. Nous avons noté à la suite de M. Bernal, que les préjugés sont nés de « *l'apparence inhabituelle* » devant laquelle l'Occident s'est trouvé lors de son contact avec l'Africain (Bernal M. 1996 :247). Ces préjugés n'auraient plus aucune place si, allant au-delà des apparences, il appréhendait la réalité non plus de son propre contexte, mais de celui de l'autre. C'est en ce sens que nous parlons de vraies valeurs dans les éléments des deux rubriques ici retenues, rubriques qui, pour ainsi dire, structurent toutes les sociétés humaines, d'Afrique, d'Amérique, d'Asie ou d'Europe.

Tous les préjugés trouvent leur raison d'être dans deux facteurs inhérents à celui qui les élabore. Le premier, c'est une lecture superficielle arrêtée aux apparences. Le second est son critère d'appréciation, un instrument de mesure taillé dans son propre contexte, dans son univers propre.

L'on arrive alors à la question de fond. Quels critères les ethnologues ont-ils utilisé pour évaluer et dévaloriser tous les éléments religieux des Africains en général, des Bamiléké en particulier ? Cette réflexion quelque peu désabusée de l'auteur de *Généalogie du génocide rwandais* jette un éclairage global sur la question. D. Franche estime en effet que ;

« Tout le problème vient de notre terrible manie d'appliquer des concepts délimités par essence, pour enfermer toutes les sociétés dans ces cadres rigides en confondant finalement les concepts que construisent les chercheurs avec les réalités mouvantes dont ils entendent rendre compte. A force de vouloir rapporter l'inconnu au connu, le savoir cartésien rend parfois impossible la compréhension d'une société ». (Dominique F. 2004 :80)

Nous aurons l'occasion de faire référence à cette tendance chez les Européens, au contact avec les Africains des XVe aux XXe siècles. Nous esquisserons plus loin les motivations profondes qui ont soustendu une telle tendance.

Répondant au cas concret de la dévalorisation des éléments du religieux chez les Africains, nous faisons nôtres les réflexions d'E. Drioton,[5] grand spécialiste de la religion égyptienne. Il va du reste que ce qui est désormais un fait scientifiquement prouvé au Colloque du Caire de 1974, par un éminent égyptologue selon lequel: *« L'Egypte était africaine dans son écriture, dans sa culture et dans sa manière de penser ».*[6]

On peut donc, avec une certaine assurance, puiser dans l'Egypte pour valablement éclairer l'Afrique. Et ce d'autant plus que ceux qui auront été en contact avec les anciens Egyptiens dans l'Antiquité et qui auront discrédité les éléments de leur religion sont les mêmes qui se sont retrouvés en Afrique à l'époque qui nous intéresse.

Ainsi, lorsqu'il s'est intéressé au cas particulier de la religion dans l'ancienne Egypte, E. Drioton a fait remarquer que :

« La vieille religion égyptienne passe souvent même aux yeux d'Egyptologues, pour quelque chose d'à peu près incompréhensible ».[7]

Il explique d'ailleurs la raison en ces termes :

« C'est sans doute parce qu'on veut réduire aux données d'une des grandes religions du monde moderne qui se présentent avant tout comme des doctrines révélées, appuyées sur le témoignage de livres sacrés, et proposées par une Eglise, au sens le plus large du terme ».(Ibid)

Voilà le principe fondamental d'invalidation du domaine religieux africain. Comme tel, il s'applique aux bamiléké en particulier. Les éléments propres à la pensée nègre sont sans valeur parce qu'ils n'appartiennent pas à une religion révélée, ni ne s'appuient sur les témoignages d'un livre sacré et enseigné par une institution *ad hoc*. En effet, comme l'a fait remarquer E. Drioton les Egyptiens ont rarement eu dans la religion africaine d'écrits qui puissent, faire figure de Livres saints comme la Bible ou le Coran. A la place, explorateurs, missionnaires et autres chercheurs africanistes n'ont trouvé qu'un fatras d'éléments qu'ils ont regroupés sous des dénominations aussi nébuleuses les unes que les autres : fétichisme, animisme, adoration des crânes etc.... Ces éléments se trouvaient sans valeur pour l'édification de l'homme et de sa société. Le travail ardu, véritable fardeau de l'homme Blanc, tous catégories de missionnaires chrétiens se sont astreints à l'accomplir dans les coins les plus reculés du continent et naturellement se sont portés vers le pays bamiléké qui constitue le cadre de notre travail.

Mais en quoi se sont-ils trompés? Une fois de plus, E. Drioton nous fournit des éléments de réponses pertinents en examinant la question à deux niveaux complémentaires :

« Pour comprendre les caractères de la religion égyptienne, (africaine,), écrit-il, il est nécessaire d'envisager la question de plus haut. Pour nous, la religion est à la fois une question de philosophie et de croyance positive, l'une et l'autre se co-pénètrent et s'étayent, la première servant d'introduction et de motif de crédibilité à la seconde et celle-ci à son tour, venant illuminer et parfaire la première ».(Drioton 1975 :78)

Un examen attentif des éléments constitutifs du domaine religieux en pays bamiléké permet de déceler l'existence effective des deux domaines et de leurs valeurs respectives. Celles-ci se manifestent si l'homme utilise ses capacités intellectuelles, physiques et morales. Chez tous les peuples, ces capacités proviennent d'un

Etre supérieur. La reconnaissance par l'homme de celui-ci de qui dépend sa destinée, et à qui obéissance et respect sont dus constitue la substance des valeurs religieuses du Bamiléké qui fait l'objet de la présente étude.

B.1. Des valeurs reposant sur l'existence d'un Dieu unique

Quiconque sera resté en contact tant soit peu prolongé avec les populations bamiléké et aura posé un regard sans préjugés, aura vite remarqué que, dans leur agir quotidien, elles manifestent une philosophie d'un Dieu, appuyée sur une forte tradition. Face par exemple à un évènement inopiné, les cris *« ée Sié !!! »* ou *« ée Ndem éé »* qui sortent spontanément de leurs lèvres est l'équivalent du *« mon Dieu »* *« my God »* ou de *« Mein Gott »* que l'Occidental chrétien français ou allemand exprime spontanément dans la même circonstance. Les uns et les autres expriment comme le reconnaissait E.Drioton,

> « Une notion philosophique substantiellement semblable : celle d'un Dieu nommé sans détermination (et par conséquent conçu comme unique), maître des évènements, providence des hommes, juge et tributaire des bonnes et mauvaises actions »(Ibid)

Les Missionnaires et Arabo-musulmans, avec du recul et moins de préjugés ne manqueront pas de se rendre à l'évidence que le Jaweh, EL Shadai, Adonaï de l'Ancien Testament n'est pas autre chose qu'Allah dans le Coran, Théos, Theus, Dieu, God ou Gott dans le Nouveau Testament. Par de- là les nuances du langage, il s'agit du Dieu des sages dont a parlé E. Drioton,

« être sans détermination, conçu comme unique, maître des évènements, providence des hommes, juge et tributaire de bonnes et mauvaises actions »(Drioton E.1975 :79).

Pourquoi un tel être ne serait-il pas le « SI » des populations Mifi, de celles du Ndé et du Haut Nkam ? Voire le « *Ndem* » de la Menoua et du Bamboutos à l'Ouest-Cameroun ? C'est lui en effet le « *Nguhlipuh posi* », l'artisan du firmament et de la terre, le *Nkeenkhu nton pu* « celui qui affranchit l'esclave, » le *Nkwetlipu mentshe* « le faiseur de colis de l'orphelin » ou encore le *Ndoo mephoc* « le mari des veuves ».

Peut-on encore avoir expression plus explicite d'un Dieu providence ? Peut-on mieux marquer son emprise sur la vie réelle des hommes ? De quel droit donc les invocateurs de *Jaweh, El Shadai, Adon, Theos, Deus, Dieu, Allah God pou Gott*, s'appuient-ils pour jeter quelque discrédit que ce soit sur *SI* ou *Ndem* , *Moo puomenon* ou *Taa gwiomonen* , l'unique père des humains ?

Une seule question s'est naturellement posée aux uns et aux autres. Van der Leew avait vu dans toute religion, ce qu'il Appelle « *Verhältnis zu ciner Überlegenheit* »*(Thomas L.V.et Luneau R. 1972:292),*qu'il faut traduire par rapport avec quelque chose au - dessus. L'homme bamiléké aura exprimé cette Transcendance dans le « Tsiepue »; mot formé à partir du verbe *« Tshie »* qui signifie « suprême », surpassant, être supérieur à et du substantif « *pue* » qui signifie « homme ». « *Tshiepue* », c'est donc celui qui dépasse les humains ; celui qui se trouve au dessus d'eux, qui leur est supérieur. Il s'agit donc dans ce mot du Dieu des sages, au-dessus des hommes, du « *Fotimo* » ; le roi sans pareil. Compris ainsi des uns des autres, la question restera posée à tous de savoir comment se faire quand même une idée de lui et comment entretenir des rapports avec lui. Dieu n'est nullement indifférent aux situations des hommes sur la terre. Il entend par là affirmer que Dieu sait toujours garder le contact avec sa créature. Travaillant seul au champ, ou même marchant seul en chemin, le Bamiléké s'adresse à Dieu, dialogue avec lui, lui demande aide et protection. C'est le lieu de se demander comment Dieu réussit-il à rétablir ce contact entre les humains. Pour le savoir, nous serons conduit à examiner le rôle des intermédiaires, et plus précisément celui des ancêtres dans les croyances religieuses bamiléké.

B.2. Des intermédiaires entre vivants et morts

Le culte rendu à Dieu passe par des intermédiaires. C'est en ce sens qu'il faut comprendre la notion de l'ancêtre qui, comme d'autres êtres spirituels, représente des agents exécutifs du Dieu suprême. Les Bamiléké conçoivent ceux-ci, non pas au rang de Dieu, mais comme des intercesseurs qui, de par leur position sont bien placés pour défendre leurs intérêts auprès de Dieu le Père. Ils le remercient des grâces obtenues toujours par l'intermédiaire des ancêtres. C'est dans cette perspective que J. C. Froelich a écrit :

« L'homme a donc admis depuis longtemps que la mort n'était pas une fin, mais un passage, que les défunts vivaient une autre vie dans un autre monde invisible mais proche, qu'une communication existait toujours entre les vivants et les morts, que les croyants pouvaient les voir et que certains spécialistes pouvaient connaître leurs désirs et capter leur message, bref que les morts vivaient invisibles mais, présents à côté des vivants» (Froelich J.C. 1964 :165).

Cette relation entre vivants et morts s'exprime donc par les rites d'intégration dont le plus probant est le culte rendu aux ancêtres. Avant d'en parler, Il convient de consacrer quelques paragraphes à la description de l'ancêtre, qui éclaire la valeur de ce rite d'intégration.

Le Bamiléké adhère à la pensée que les morts, loin d'être vraiment morts, vivent près des vivants. Ce fait n'est pas seulement propre à l'Afrique, on le retrouve aussi dans toutes les sociétés anciennes. Michel Meslin écrit à propos :

« qu'il s'agisse de société africaine, mélanésienne, hindoue, grecque, celtique ou romaine, les griots, les brahmanes, les cèdes, les bardes et les analystes, transmettent toujours à travers leurs récits et généalogies familiales, une histoire naturelle d'animaux, des plantes, des terres et des eaux... Partout cette mémoire sociale présente une réelle dimension religieuse dans la mesure où elle se réfère aux ancêtres, plus ou moins vénérés comme les garants de l'ordre social » (Meslin M. 1978 :58-59).

Il nous fait voir à quel point les cultures peuvent présenter des similitudes. En fait, son analyse rejoint tout à fait celle de Dominique Zahan sur la société africaine (Zahan D. 1970). Ici comme là-bas, il y a un lien profond et nécessaire entre vivants et morts que ce soit à Rome, en Grèce, en Inde, en Egypte ancienne comme dans l'Afrique traditionnelle, on présente l'ancêtre comme gardien de la tradition, dépositaire d'une chaîne de valeurs transmises de génération en génération. Situé à la charnière du monde visible et invisible, il est le fondement et le garant de la structure sociale. Cela nous amène à préciser ce qu'il est en réalité. Dieudonné Watio a résumé pour nous les critères de l'ancestralité :

> « Chez les Bamiléké en général et chez les Ngyemba en particulier, l'ancêtre peut se définir comme l'homme ou la femme défunts qui, par leur vie, leur travail et leurs conseils ont édifié de façon inoubliable la famille. Ils vivent dans le grand et beau village, dans la joie, la paix et le bonheur. Il est important de noter qu'une vie exemplaire ne suffit point à conduire quelqu'un à l'ancestralité, il faut avoir engendré des enfants qui pourront assurer des sacrifices au nom du défunt. Mais, cette paternité et cette maternité selon la chair ne suffisent pas non plus, il faut aussi la paternité et la maternité morales et sociales, celles acquises par le souci et l'effort d'éduquer non seulement ses propres enfants, mais aussi ceux des autres, sans discernement »(Watio D. 1994 :10).

Comme nous le constatons, l'accès au statut d'ancêtre est un phénomène social. C'est la société qui dirige vers « *ce paradis* » des morts, ceux qui remplissent certaines conditions bien déterminées. C'est le lieu de faire remarquer que les Bamiléké ne vénèrent pas les reliques de n'importe quel défunt par exemple. Il ne viendra à l'idée d'aucun Bamiléké de vénérer les restes d'un enfant ou d'une personne dont la vie n'a en rien marqué le groupe. C'est aussi l'occasion de faire remarquer qu'il n'existe aucun peuple au monde où la mémoire des défunts n'est pas vénérée. Or chez le Bamiléké, la référence aux ancêtres dans la relation avec Dieu constitue un atout religieux incontournable. Aussi, pour éviter les déconvenues (maladies, échecs, morts précoces...), le Bamiléké doit-il apaiser ses ancêtres par les funérailles, les sacrifices, les prières, et autres rites. De même, pour remercier les ancêtres après une réussite sociale, un culte d'action de grâces est rendu à cet illustre intermédiaire. L'ancêtre est, pour le dire avec Zahan, un membre organique de la communauté des vivants, il en est un chaînon

(Zahan D. 1970 :83). C'est pourquoi tant que le groupe n'a pas accompli certains rites traditionnels vis à vis de ceux-ci, ils restent indifférents à ses problèmes.

Ce sont les ancêtres qui sont censés porter l'offrande des vivants et intercéder en leur faveur auprès de l'Être Suprême, « *Si* » ou « *Ndem* ».

De ce qui précède, nous pouvons schématiser de la manière suivante la relation entre Dieu et L'Homme. Elle se fait par la prière.

Schéma 1 : Rapport Hommes – Dieu

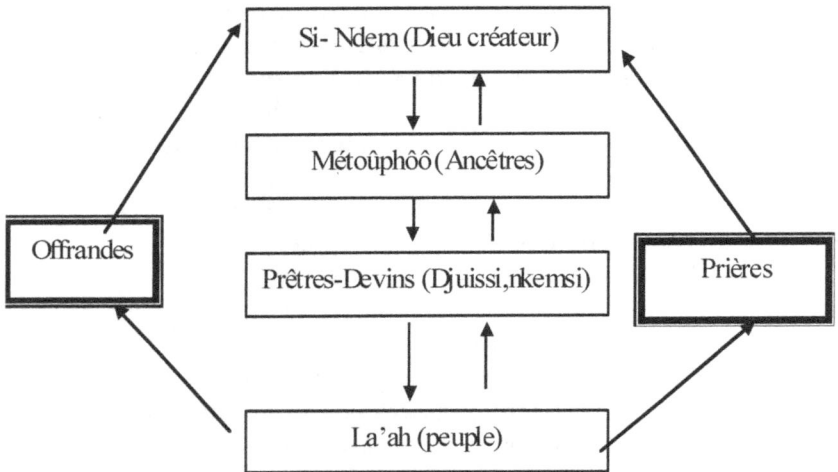

C'est cette recherche des rapports avec Dieu qui explique chez les uns et les autres, invocateurs *de Jaweh, El-Shadai*, et autres Allah, Theos, Deus, Dieu, God ou Gott, comme chez les Bamiléké et de tous les autres Africains, l'existence des symboles, prières, sacrifices, offrandes et invocations.

B.3. Prière, sacrifice, offrande, invocation

Ce sont des actes destinés à rendre hommage à Dieu ou à solliciter le soutien des ancêtres. Ces actes sont, entre autres, dévotion, adoration, vénération, soumission et respect. Ils occupent une place importante dans les croyances traditionnelles Bamiléké en ce qu'ils consistent à faire entrer une personne en contact avec Dieu.

Le culte rendu à Dieu a lieu dans de multiples sanctuaires dispersés à travers le village. On le rend à l'endroit où sont enterrés les crânes des ancêtres. Il passe par des prières, des libations, des sacrifices ; autant d'actes de piété à travers lesquels, le Bamiléké exalte ses valeurs. De même, le Bamiléké, par la prière, exprime sa gratitude envers Dieu.

B.3.1. *Prière*

La prière est généralement collective chez le Bamiléké. Elle intervient en certaines circonstances : à la naissance, au mariage, pendant la maladie ou à la mort. L'existence du Bamiléké se trouve ainsi ponctuée de temps forts qui sont pris en charge par la collectivité. Ce sont les occasions spéciales et propices à rendre un hommage à Dieu par l'intermédiaire des ancêtres. La prière peut être individuelle lorsqu'un individu se trouve accusé ou éprouvé. Dans ce cas, il protestera de son innocence dans les invocations qu'il fera à Dieu, après lui avoir exposé sa propre version des faits. En celà, Il lui consacre ses biens et ses activités quotidiennes (Zahan 1970). Voici un exemple de prière sur un crâne illustrant très bien la gratitude envers Dieu.

« Voici l'huile qu'on m'a chargé de te donner
Tiens ton huile qui provient de ton fils tel.
Reçois et transmets cette huile comme tu l'as toujours
fait pour qu'il aille de succès en succès.
Il vient ce jour te remercier de la naissance d'un enfant
dans sa famille.
Tu lui as donné la fortune de se voir offrir une femme.
Tu lui as donné la fortune de vivre en bonne santé.
Tu lui as donné la fortune d'engendrer un enfant.
Dieu et toi soyez unanimes pour qu'il aille de succès en
succès.
Pour éloigner de lui tout mal.
Que Dieu et toi soyez unanimes pour écarter de lui les
mauvaises idées.
Puissiez – vous l'écarter des menaces de tout vampire
la nuit.
Qu'il ne puisse se coucher et ne craindre quoi que ce soit. »

Nous remarquons que dans toutes ces prières, le fidèle décrit en détail sa situation, les raisons de sa présence au sanctuaire, celle du sacrifice et du don qu'il fait. Il prie avec une ferveur certaine, avec conviction que ces prières seront entendues et exaucées. Bien que la prière traditionnelle soit vœu, elle n'en demeure pas moins acte d'adoration et louange à Dieu. C'est pourquoi elle implique soumission, vénération, respect ; attitudes qui constituent non seulement un mouvement suprême de spiritualité, mais aussi qui caractérise le zèle de l'homme au service de Dieu. Le fidèle, livrant son offrande, et réitérant par cette action tout son indéfectible attachement à son Dieu s'avère réceptif à ses commandements, le reconnaissant au-dessus de tout, capable de voir tous les faits et gestes. Ne lui attribue-t-on pas l'omniscience pour connaître les intentions et l'élan qui portent le fidèle vers lui ?

B.3.2. Sacrifice

Le sacrifice est au cœur de toutes les croyances Bamiléké. Il en est l'élément fondamental. Pour ces derniers comme pour les autres, il est davantage obligation que libération. En effet, chaque Bamiléké, de par la structure généalogique et du système social dont il dépend, est lié à des obligations déjà incorporées dans son psychisme auxquelles il ne saurait se soustraire impunément. Aussi le sacrifice rituel est-il un repas prescrit par le devin, *« Djuissi »* ou *« Nkemsi »*. C'est un repas symbolique puisque ceux qui le font savent que les *crânes* des morts ne mangent pas. Cependant, Dieu et les parents morts sont témoins de leur bonne volonté de garder les liens de fidélité avec eux. Le sacrifice constitue de la sorte, une pierre angulaire des croyances religieuses africaines comme le souligne Dominique Zahan lorsqu'il remarque:

> « Bien plus, le sacrifice est la clef de voûte de cette religion, il constitue la prière par excellence, celle à laquelle on ne saurait renoncer sans compromettre gravement les rapports entre l'homme et l'invisible … »
> (Zahan D.190 :95)

Ce sociologue s'est attardé dans son étude de la pensée africaine, à analyser l'élément essentiel du sacrifice. Il écrit donc : *« qui dit sacrifice, dit sang s'écoulant des bêtes égorgées».*[8] Le rôle du sang dans cette pratique s'explique de lui-même pour qui sait que le sang qui est l'élément vital pour le corps. IL signifie alors le don de la vie. IL est fait pour apaiser ces esprits et garantir santé, sécurité, prospérité. Il s'avère donc un acte de réparation et de restauration des rapports avec Dieu à travers les ancêtres. D. Watio a distingué ainsi trois types de sacrifices offerts aux ancêtres chez les Ngyemba :

- Le « *Pwo lok nduo* » ou sacrifice propitiatoire ; il s'agit d'une oblation pour requérir une faveur des ancêtres. Ce sera le cas au cours d'une prise de décision importante de la vie : voyage, mariage, célébration des funérailles.
- Le « *Pwo lok sok ndoh* » ou sacrifice expiatoire. Il s'agit d'un acte psychothérapique qui lave la malédiction. Il a lieu après la transgression d'un interdit de la tradition ancestrale. Ce rite est toujours précédé de l'aveu de la faute commise. Il peut aussi s'agir d'une cérémonie de purification qui concerne tout le village. Dans ce cas, il s'agit de rompre avec le mal, qui attirerait la colère des ancêtres.
- Le « *Puo lok naa ndok* » ou sacrifice d'action de grâce qui témoigne à Dieu par l'intermédiaire des ancêtres la joie et la reconnaissance d'avoir été comblé (naissance, chasse fructueuse, récolte abondante). De tels rites étant conditionnés par des événements précis, exigent des cérémonies.

Schéma 2 : Schéma sacrificiel du rapport monde invisible et monde visible.[9]

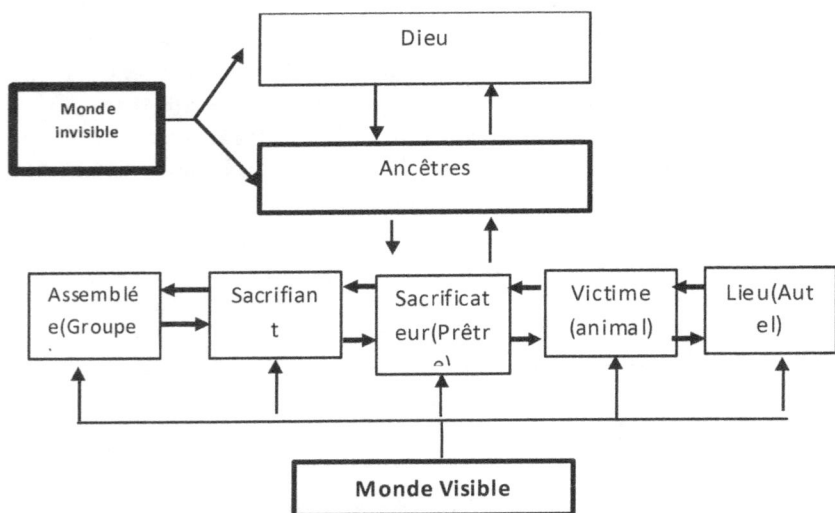

S'il est vrai que le trait caractériel du sacrifice est la mise à mort d'un animal et l'effusion du sang, il n'en est pas ainsi de l'offrande.

B.3.3. Offrandes

L'offrande est toujours faite dans un esprit de générosité. Offrir quelque chose à quelqu'un est un acte très important dans la société Bamiléké. Il s'agit d'un acte de solidarité qui unit les gens. C'est à travers cela que l'Homme exprime concrètement des sentiments de gratitude et d'amour. Cet acte fondamental des croyances bamiléké possède des correspondances en Egypte ancienne. Ian Assman a fait de l'offrande un principe du rapport harmonieux entre l'homme et l'au-delà dans l'univers de l'Egypte ancienne. Pour lui en effet,

> « Le monde pharaonique reposait sur l'échange de Mâât entre les Dieux d'une part et de l'autre le pharaon intercesseur suprême … » (Assmann I.1994 :9)

Principe régulateur, cette offrande qui symbolise l'équilibre et l'harmonie en toute chose, à la fois l'ordre universel et l'éthique, entraine le fait que :

> « Aucune décision royale, aucune entreprise n'est naïve ou gratuite, elle s'insère dans le grand jeu qui entretient l'existence de Mâât, principe intangible, figuré par une déesse que le roi présente aux dieux comme les autres cadeaux dont ils vivent»(Husson G.et Valbelle D.1972 :20).

L'offrande est donc chez l'Africain une grâce spontanée ; pour cela elle ne doit pas être conditionnée. En revanche, le don matériel, porteur d'un lien sacré, d'une force effective lie le donneur à celui qui reçoit et l'oblige à exprimer sa reconnaissance, en se donnant en retour.

Ainsi donc, les offrandes sont pour le Bamiléké une partie de lui-même qu'il présente devant Dieu pour lui manifester son désir de placer sa vie sous sa protection. Ainsi, le symbolisme joue un grand rôle dans les offrandes, d'où l'intérêt d'un regard sur les objets à offrir.

Ceux-ci sont généralement faits d'huile de palme, du vin, de l'eau, du sel, et des morceaux de viande d'animaux domestiques, notamment la chèvre, le mouton, le bouc. L'on y ajoute des objets d'art, et des produits des champs.

L'eau intervient dans le nettoyage des lieux de culte. Elle symbolise la paix, l'hospitalité, la fécondité et la vie. Le vin, le sel et l'huile de palme qu'on offre symbolisent respectivement joie, alliance, honneur et dignité. Les produits des champs tels que le maïs, l'arachide, les ignames, le plantain… sont les plus retrouvés dans les sanctuaires. On utilisait jadis exclusivement du pistache pour complément. De nos jours, les arachides grillées sont de plus en plus utilisées en raison de sa rareté. On note que cet élément revêt une importance si capitale que faire une offrande se traduit par « *Wa jik* » en yemba, littéralement *« donner du pistache »*.

Comme nous l'avons déjà dit, ces sacrifices et offrandes sont accompagnés des chants, prières et invocations, bref d'un vrai répertoire liturgique connu semblable en tout point aux autres actes liturgiques. Le chant dans le pays Bamiléké comme partout ailleurs, crée et vivifie le sens de la communauté et de la solidarité. Il exprime les réalités concrètes de la vie. Quant aux prières qui accompagnent le sacrifice et l'offrande, elles traduisent l'acte d'adoration le plus courant, destinées à établir la communion la plus étroite avec l'Etre Suprême. Récitées devant les crânes des ancêtres, elles ne s'arrêtent pas évidemment à ces derniers. Elles passent par eux pour aller au vrai destinataire qui est Dieu lui-même. Cela ressort de cette prière adressée par un chef de famille au cours d'une offrande, lors d'une réunion familiale :

> « Je te donne aujourd'hui cette gouttelette d'eau au nom de ta semence de maïs.
> Au nom de tes pousses de calebasse.[10]
> Ce sont tes pousses de calebasse qui bavardent ainsi.
> Tous rassemblés en ce jour.
> Nous te donnons d'un commun accord cette eau.
> Pour solliciter de toi la part de bien être qui nous revient.
> Que personne de nous ne heurte son orteil en chemin.
> Que la voiture n'en renverse aucun sur la route.
> Que personne n'ait une pensée mauvaise
> et prétende que c'est toi qui l'inspire.
> Que personne ne se laisse entraîner dans le mal
> et prétende que c'est toi qui l'y pousses.
> A l'unanimité, nous sollicitons de toi,
> en ce jour la part de bien- être qui est notre.
> Pour l'enfant tien commerçant,
> qu'il achète un demi-centime et revende à cent mille
> pour avoir beaucoup d'argent.
> Et t'apporte souvent de l'huile.
> Pour l'enfant tien salarié,
> qu'il bénéficie d'une augmentation chaque année afin
> d'avoir beaucoup d'argent et t'apporter de l'huile.
> Toujours on dit d'aller ailleurs voir le succès.
> Pourquoi les gens ne viendront-ils pas le voir dans notre famille ? » (Kuitche Fonkou 1988).

B.3.4. *Invocation*

Les invocations sont un appel spontané à Dieu par lequel l'Homme en situation lui demande d'intervenir. Voici à ce sujet une invocation sur le crâne d'une grand-mère. On invoque Dieu à travers ce crâne pour une fille de la concession qui, mariée, n'a pas encore eu d'enfant.

> « C'est moi le chef de la famille qu'en mourant tu avais désigné pour parler à tes lieux et places.
> Ta fille que voici, on l'avait conduite dans la précipitation ; entre les mains de quelqu'un.
> Elle était partie à l'aventure, sans te le dire et il semble que tu t'en es courroucé.
> Mais on peut tout prendre à quelqu'un, on ne lui prendra jamais son enfant.
> La voici revenue se jeter à tes pieds pour dire :
> Que l'arbre qui tombe n'écrase point celui qui s'élève.
> Qu'elle qu'ait été la raison de ta colère,
> Que ton cœur se calme pour que tu lui montres la bonne voie : que tu lui apportes de bons songes.
> Nous t'invoquons ; pour que tu interviennes pour la situation de ta fille.
> En sorte que celle-ci ne vive plus ce qu'elle vit maintenant.
> Elle te demande sa part de remède» (Kuitche Fonkou 1988).

De cette invocation, nous retenons que le Bamiléké pense qu'il faut invoquer Dieu pour que son intervention spéciale se produise dans les circonstances les plus ordinaires. Il voit la preuve que malgré son éloignement, Dieu est toujours proche et prêt à secourir dans les moments difficiles de la vie. Les prières et les invocations expriment le sentiment de dépendance envers Dieu, source de toute force.

Tous les peuples de la terre, d'hier comme d'aujourd'hui y ont encore recours, non seulement dans le domaine religieux, mais aussi dans le cadre de l'existence quotidienne. Dans le domaine religieux, nous avons vu à travers l'exemple du Bamiléké que le symbole a pour mission de refléter au mieux le Dieu des sages par le truchement d'un élément matériel puisé dans l'aire culturelle du peuple.

Les invocateurs de Jaweh, de Dieu, God ou Gott ont conservé l'usage de tels éléments matériels de nos jours. Ni les uns ni les autres, n'ont encore rangé dans les armoires des musées qui sont, le candélabre à sept branches, la croix ostensiblement exposée ou discrètement suspendue au cou de jour comme de nuit, pas plus que la vénérable *Kaaba* de la Mecque, pour ne prendre que ces exemples là. Avec un peu de recul et moins de préjugés, les utilisateurs de ces symboles n'auraient pas eu de la peine à comprendre que les Africains en général, le bamiléké en particulier, en se donnant les leurs, se trouveraient dans l'ordre normal des choses. Ces peuples ont tout, comme eux, aussi puisé dans leurs aires culturelles respectives, des éléments dont la vue, ou mieux la contemplation, les renvoyaient au Dieu des sages ; ce « *Tshiepue* » inaccessible à toute intelligence humaine. Nous avons montré dans le premier chapitre de ce travail, que le cadre géographique des hautes terres de l'Ouest Cameroun abondait précisément de tels éléments de nature minérale, végétale, hydrographique.

Y a-t-il quelque raison, pour que les symboles résolument matériels invocateurs de Jaweh, Théos, Dieu, God, Gott ou Allah et autres auraient pour vocation d'orienter vers le Dieu des sages alors que ceux des Africains en général, des populations bamiléké, en particulier seraient des idoles ? Dans le domaine religieux en effet, ils sont destinés à l'Etre sans détermination, l'*Uberlegenheit, le* « *Tshiepue* », Ils sont ce que les emblèmes sont, par rapport à la notion même de souveraineté dans le domaine étatique. Que celle-ci soit, à l'instar du Dieu des sages, une réalité sans contour précis, mais conçu comme unique, cela apparaît nettement dans les tentatives de définition que proposent les lexiques. Le fait donne un sens à toute réalité étatique, quelles que soient sa grandeur et son importance, et où qu'il se trouve, en Afrique, en Amérique, en Asie, ou en Europe. Pour être matérialisé et respecté en conséquence, chaque Etat se donne un emblème frappé d'une devise. Pratique rigoureusement en usage de nos jours. Il ne viendrait pas à l'idée de l'un ou l'autre des Etats de discréditer l'emblème du voisin.

C'est cette lecture de l'univers religieux de l'homme bamiléké de l'Ouest Cameroun qui permet de pénétrer dans sa riche panoplie de rites. Ceux-ci ponctuent toutes les étapes de son existence. Nous n'allons pas les énumérer ici. Qu'il suffise de nous contenter de ceux qui sont pratiqués de la naissance d'un enfant aux funérailles, apothéose de l'existence sur terre, en passant par ceux qui entourent le mariage et l'initiation.

Notes

1. A qui serait particulièrement intéressé aux péripéties de ces contacts, nous recommandons Gomes Eanes de Zurara in *Chronique de Guinée*, Mémoire de l'IFAN, no 60, 1960.

2. Lire pour être bien informé sur ce dernier point, le travail fouillé de Ph.Dewitte, *Les mouvements nègres en France, 1919-1939*, Paris, Harmattan, 1985.

3. Nous nous inspirons des analyses de H.OLA BALOGUN AGUESSI et PATHE DIAGNE, *Introduction à la culture africaine*, Paris ; UNESCO, 1977, PP.29-32.

4. L'on pourra s'en convaincre en se reportant, pour une bonne synthèse, au volume IV de *L'Histoire Générale de l'Afrique*, UNESCO/NEA, 1985. Les auteurs illustrent cette réalité à travers tout le continent, du Nord au Sud, de l'Est à l'Ouest, en passant, bien sûr par le centre.

5. E. DRIOTON, *Pages d'Egyptologie*, Le Caire, ed. de la revue du Caire, 1957.

6. *Le peuplement de l'Egypte ancienne et le déchiffrement de l'écriture méroitique*, Actes du Colloque du Caire du 28 janvier au 3 février 1974, Paris, UNESCO, 1978, p. 87.

7. Le peuplement de l'Egypte ancienne et le déchiffrement de l'écriture méroitique… p. 77.

8. Ibidem.

9. Nous nous sommes inspiré des Schémas proposés par D. WATIO, *Le culte des ancêtres chez les ngyemba*…p.p. 335, 336, 337.

10. Pousse de calebasse signifie ici tes enfants.

Chapitre III

Valeur des rites et cérémonies fondamentaux en pays Bamiléké

C omme tout Africain, le Bamiléké vit généralement en société et pose peu d'actes strictement individuels. Tout se passe en communauté. Les évènements heureux ou malheureux sont vécus par le groupe : (naissance, mariage, maladie, mort et funérailles). A chacune des occasions, le Bamiléké se montre encore plus solidaire. Quand un membre du groupe est en joie, tous se réjouissent avec lui. S'il est en peine, les uns et les autres compatissent. Ce faisant, ils vivent sans nul doute la solidarité des membres du groupe. Divers rites intégrant les éléments de la tradition offrent une possibilité de renouer avec la coutume ; c'est un ensemble de règles d'action telles que, travailler, ne pas mentir, ne pas voler, ou encore aimer son prochain comme soi même... On peut y voir l'établissement d'une échelle de valeurs à laquelle tout membre de la société est soumis. Ces valeurs se retrouvent dans les rites et cérémonies quotidiennes. Nous proposons de revenir sur quelques valeurs qui règlent au quotidien la vie des individus (naissance, mariage, initiation, funérailles).

Avant de nous intéresser à chacune de ces étapes, nous faisons une remarque préliminaire qui fonde la pratique du rituel dans quelque aire culturelle que ce soit : Afrique, Amérique, Asie ou Europe, quelle que soit la pratique religieuse prise en considération.

A. Les fondements des pratiques rituelles

Des chercheurs africains regroupés autour de Kotto Essome[1] ont récemment mis en relief une notion que peu de chercheurs, en Europe comme en Afrique ont encore intégré dans la grille de leur lecture des réalités africaines. Les uns et les autres restent attachés aux paramètres légués par les anthropologues -ethnologues et autres sociologues des XIXe et XXe siècles. La nouvelle notion lancée dans le cercle des amis de ce philosophe camerounais et qui mérite une attention particulière des chercheurs surtout africains est l'endocentrisme.[2] Elle a été suggérée précisément par la cohérence et la pérennité qui ont caractérisé la longue et inégalable civilisation de l'ancienne Egypte. Partant du fait reconnu, comme nous le disions dans les lignes précédentes, que l'Egypte était africaine dans son écriture, dans sa culture, et dans sa manière de penser, selon l'Egyptologue Jean Leclant, il a été loisible à Kotto Essome et ses amis de retrouver cet endocentrisme dans l'univers culturel africain et plus précisément dans le domaine religieux qui nous intéresse. Il s'agit d'une interconnexion existentielle entre tous les éléments qui constituent les composantes de l'univers, aussi bien dans l'ordre du visible que dans celui de l'invisible. L'historien théologien -exégète et égyptologue camerounais, Kange Ewane dans le sillage des remarques de Kotto Essome et de son équipe, a projeté ce concept d'endocentrisme sur le diagramme suivant.

Schéma 3 : Diagramme de la représentation de la transcendance

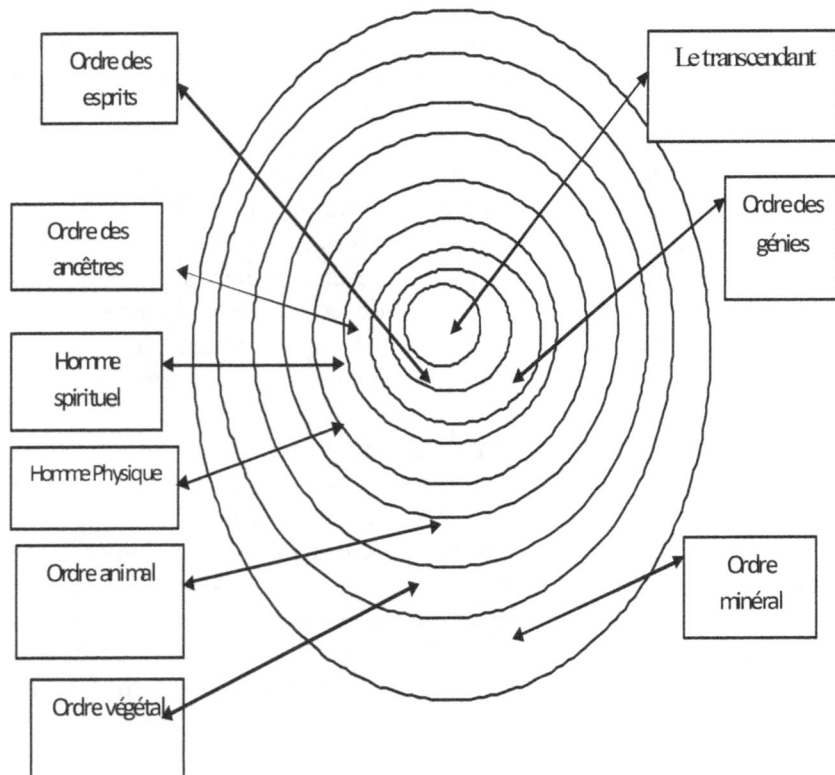

Le diagramme présente les neuf (9) spirales qui représentent les neuf (9) ordres du monde. La première, située au centre est génératrice des huit (8) autres qui s'imbriquent progressivement les unes dans les autres. Des huit (8), trois constituent la sphère invisible faite des esprits, des génies et des ancêtres ou saints. Les trois autres forment la sphère visible faite des ordres animal, végétal et minéral. Entre les deux sphères à composition triptyque, se situent les deux spirales qui constituent l'homme. Celui-ci participe donc, sous l'influence des énergies immatérielles spirituelles et invisibles, et à la sphère matérielle et visible. Il est donc sous l'influence des énergies venant d'en haut, ordre invisible, et de celles venant d'en bas, ordre visible. C'est dans ce sens que D. Zahan a défini l'homme comme étant un « *microcosme auquel aboutissent, invisibles, les innombrables fils que les êtres et les choses tissent entre eux* » *(zahan D.1970 : 25)*.

L'analyse de ce diagramme révèle en définitive que les éléments des différents ordres de l'invisible se partagent la même énergie, ou mieux la même vie émanant d'une source unique. Chaque élément fait donc partie de ce que les anciens Egyptiens ont appelé « *Mdw ntr* », une sorte de bâtons sacrés, un contenant divin. Ce caractère divin lui confère des propriétés salvatrices ou nourricières au profit de l'Homme et, bien sûr à celui de l'ensemble du groupe. D'où l'attention particulière, révérencielle pour ainsi dire que les Africains en général, les Bamiléké du Cameroun en particulier portent à chacun des éléments de leur environnement, des pierres aux arbres, en passant par les animaux et surtout l'être humain.

Dans la tradition africaine en effet, un lien indissociable unit l'homme à l'ensemble de tout ce qui existe dans l'univers. L'Africain entretient une relation de symbiose avec son environnement, le transcendant, les ancêtres, les esprits, bref avec tout l'univers matériel et immatériel qui l'entoure. La même chaîne qui unit l'arbre à la pierre, unit également les hommes à Dieu. Pour lui, il n'y a ni non sens, ni sous sens dans l'univers. Tout a un sens qu'il faut découvrir et qui doit servir de boussole dans les relations avec l'Un et le Multiple. Ceci traduit une omniprésence du religieux dans la vie quotidienne, une incessante et continuelle relation entre le visible et l'invisible, une indifférenciation entre les activités économiques, politiques et spirituelles. Tout ceci nous ramène aux fondements cosmologiques des sociétés négro-africaines en général et du Bamiléké en particulier issus de l'univers de la divinité et ayant pour finalité l'Homme. Ce dernier est au centre de tout, et comme l'exprime si bien D.Zahan,

> « le ciel et la divinité ne sont pensés qu'en fonction des représentations au sujet de l'homme. Ce dernier constitue pour ainsi dire, la clé de voûte de tout l'édifice religieux... » (Zahan D.1970 : 25)

Ethnologues et autres spécialistes des religions traditionnelles africaines, pour n'avoir pas pris suffisamment de temps pour comprendre cela, ont vite parlé d'animisme, de fétichisme, ou de totémisme,[3] ils laissent croire que les Africains voient une âme dans tout ce qui existe. Ils avaient totalement perdu de vue, emportés par leurs préjugés, l'acte créateur du Dieu des sages rapporté par la Bible par rapport à la création du monde. Le récit n'est-il pas ponctué de *« Dieu dit »* et il y eut pour chaque élément qui doit avoir sa place dans l'Univers ? Qu'est ce à dire sinon que chaque « *Dieu dit* » a constitué comme une émission de l'énergie divine vitale incarnée dans la réalité devenue créature ? *« L'expression le verbe s'est fait chair »* n'est pourtant pas inconnu de ceux qui s'acharnent à parler d'animisme dans la lecture africaine du mot.

La vision ontologique comprend un concept fondamental : l'Etre encore appelé l'Existant ou le vivant. Cet être est un paradoxe : il contient l'un et le multiple. C'est pourquoi il est localisé en trois univers interactifs qui constituent la réalité. Ces univers sont le Réel (l'invisible), l'Illusoire (visible) et le Virtuel. Ce dernier, les Egyptiens l'appelaient « douat » ou « monde du pas encore, monde avant la naissance ou monde après la mort ». C'est le milieu avant l'aube et après le crépuscule ; la subdivision de ces mondes est classifiée en règnes (prénatal et post mortem). Le monde Illusoire a quatre règnes (minéral, végétal, animal et humain). Le monde Réel en a aussi quatre (ancestral, génies, esprits, dieux). Le monde potentiel en a deux (pas encore et déjà plus). Il est à noter que cette numérologie, elle-même n'est pas innocente : quatre plus quatre plus deux égale dix. Or dix en cabalistique c'est un plus zéro qui est égale à un ; on retrouve ainsi l'unique. Chaque règne comprend un certain nombre d'ordres qui en fournissent les classifications et les correspondances qui en orientent les spécialisations. Un ordre au sein d'un règne représente donc le rôle actif de l'élément précis de ce règne. Par exemple, le règne végétal est subdivisé en quatre ordre : ordure, médicament, ou encore temple.

Cette remarque préliminaire permet, à notre avis, de faire reposer la pratique des rites, où que ce soit, sur l'idée de l'existence effective de l'énergie divine dans chacun des éléments qui constituent l'ordre du monde.

Le rite consiste précisément à solliciter du Dieu des sages, que cette énergie entre en action. Ces différents gestes de consécration soient des hommes, prêtres, pasteurs et autres, soient des éléments tels que l'eau, le feu, l'huile, le sel etc… n'ont de signification que celle là. Le chrétien qui porte une petite croix bénite à son cou, ou qui asperge sa maison avec de l'eau ramenée de l'Eglise, le musulman qui le fait avec de l'eau en provenance de la Mecque sont loin de croire que c'est la matérialité de ces objets ou matières qui produisent l'effet escompté. Les uns et les autres comptent plutôt sur les énergies divines plutôt que sur l'invocation de l'« *homme de Dieu* » censé y avoir mis la main.

Ceci semble aller de soi dans l'univers religieux des Occidentaux-civilisés –chrétiens et des musulmans. On pense que les actes et gestes sont jugés d'une grande valeur dans les pratiques de leur existence. Des gestes semblables posés par les populations africaines devraient-ils être sans valeur ? Pour répondre à cette question, nous nous proposons de regarder quelques-uns des rites appliqués à certaines étapes fondamentales de l'existence des populations bamiléké de l'Ouest- Cameroun.

B. Rite de naissance

La naissance d'un enfant, dans quelque aire culturelle que ce soit, constitue un événement suivi avec beaucoup d'attention. Gynécologues et accoucheurs en savent quelque chose. En pays bamiléké, il est certes question de sauver la vie du nouveau- né, comme partout ailleurs, mais il est plus question d'assurer la pérennité du groupe. Or cette pérennité est l'affaire des hommes. Elle dépend des sages ancêtres qui en ont constitué les premiers maillons. C'est sous cet éclairage qu'il faut comprendre le rite dit

« *Mpew-Moo* » des Yemba de la Ménoua et des Ngyemba des Bamboutos. La présentation du nouveau né aux ancêtres près de l'autel érigé à cet effet constitue non un quelconque ancestrisme, mais un geste de remerciement au « *Tshiepue* », au Dieu des sages qui tient la destinée de l'humanité. Les rites se complexifient encore plus lorsqu'il s'agit des jumeaux perçus dans cette zone culturelle comme des êtres mystérieux et sacrés.[4] On les appelle « *époh-si* », entendez « *aubaine reçue de Dieu* ». Et la génitrice appelée «*Medjui sigoh nken*», l'est parce que considérée comme l'artisane de la paix qu'apportent les jumeaux.

Photo 10 : Danses des mères des jumeaux (Nsi)
Les magnis dans des funérailles

Nature	Observations
Le Nsi ou danse des mères des jumeaux lors des funérailles de Djoumessi Mathias en avril 2009. (Foréké-Dschang.)	Cette danse est d'une importance particulière dans la vie des populations bamiléké. Elle est régulièrement exécutée lors de la cérémonie des jumeaux. Les Mégni ou mères des jumeaux initient les nouvelles mères des

jumeaux et ennoblissent la contrée. Pour cette raison, elles sont aussi les premières à entrer sur la scène lors des funérailles pour bénir les lieux avant toutes exhibitions. Lors des funérailles de Djoumessi Mathias, elles sont une fois de plus à l'honneur. Le port de l'arbre de paix est toute symbolique. Cet arbre traduit la stabilité et la paix souhaitées dans ce groupement en pleine renaissance.

L'on comprend alors que toute naissance, celle des jumeaux plus particulièrement, est l'occasion des grandes fêtes communautaires auxquelles participent, pendant plusieurs mois par intermittence, les membres des familles voisines et amies, signe manifeste de l'intégration du nouveau-né dans la grande famille de la communauté. Peut-il y avoir plus valeur communautaire que celle qui intègre les nouveaux nés ?

Des questions semblables peuvent être posées au sujet des mariages selon les coutumes africaines en général, celle des Bamiléké en particulier.

C. Rites de mariage

Le mariage, selon le dictionnaire Larousse se définit comme une union légitime entre un homme et une femme. Aujourd'hui, cette notion est très controversée surtout en Europe où elle ne désigne plus seulement l'union entre deux personnes de sexes opposés, mais celle de deux personnes tout simplement. En Afrique traditionnelle, il s'agit de l'union affectueuse, reconnue entre deux personnes de sexes opposés et rendue légale par des rites et pratiques bien reconnues dans la communauté. Alors, la question que l'on doit se poser est celle de savoir quels sont les fondements des rites qui entourent cette pratique dans le pays bamiléké ?

Disons tout de suite que le mariage chez les Bamiléké revêt un caractère sacré. Il est fondé sur le désir de procréation et de perpétuation de l'espèce humaine. Il s'inscrit alors dans l'œuvre de création initiée par l'Être Suprême qui donne une réponse à une question existentielle : pourquoi vivons-nous et que deviendrons-nous après la mort ? Ce sont là des questionnements qui suscitent chez l'homme la volonté d'accomplissement et de réalisation de soi.

En Afrique en général et dans le pays bamiléké en particulier, le mariage est ponctué des rites et pratiques qui s'observent depuis les premiers contacts jusqu'au pacte de mariage. Dans les préliminaires, il y a le choix des futurs époux. Ce choix est la volonté des parents qui consultent les devins dans le but d'associer les ancêtres et Dieu dans le processus. L'étape cérémonielle du pacte de mariage qui consiste à unir par un pacte irréversible le futur couple est une étape cruciale. Elle est ponctuée de paraboles et symboles. C'est l'union proprement dite des deux familles et elle se fait avec des éléments traditionnels très évocateurs comme le vin de raphia et la kola. Ensuite c'est à la fiancée d'officialiser l'union en buvant dans un même verre que le futur époux. Nous reproduisons ici le rite de ce pacte du mariage :

> « La fille invite également son père à boire ce vin. Le père déclare avant de boire qu'il ne peut le faire qu'une seule fois pour elle... Le vin est ainsi l'élément de communion qui rend le père, sa fille, son gendre et par conséquent les deux familles solidaires ; quant à la kola, elle est partagée par l'assistance, symbole d'alliance, de l'établissement du protocole entre les deux familles »[5].

C'est alors que la belle famille fixe la dot et donne la conduite à suivre. La scène de fixation de la dot est suivie par une phase incontournable « voir le crâne des ancêtres ». Cette phase qui s'accompagne des sacrifices sur le crâne des ancêtres symbolise le départ officiel de la fille. La cérémonie s'achève par un rite d'une portée religieuse car, avant d'unir un couple, on le présente à Dieu, car c'est lui qui leur donnera les enfants.[6]

Le jour du mariage proprement dit, les parents respectifs arrivent au lieu sacré de la célébration des noces pour la bénédiction paternelle.[7] C'est ici qu'interviennent les derniers conseils, véritable code de vie pour la fille.

Le père de la fille prend la parole le premier et dit :

> « Père voici vos enfants, ils vont se marier dans le but de perpétuer votre mémoire. Nous avons toujours essayé de faire votre volonté, vous le savez bien. Et s'il nous est arrivé de vous offenser, c'est par étourderie que nous l'avons fait. Faites qu'ils aient des jumeaux autant de fois que possible, un garçon et une fille à chaque fois » (Watio D.1994 :130).

Après cette prière, la fille est ointe d'huile, symbole de douceur. On lui applique également sur le front un peu de *« pue »* (poudre d'acajou), signe de sa prochaine maturité. Les mariés se rapprochent du chef de famille qui asperge leurs pieds d'eau et prononce l'absolution rituelle en ces termes :

> « Allez, nos ancêtres nous ont compris, marchez toujours à leur suite. »[8] A la fille particulièrement il dit : « D'ici quelques jours, nous espérons que tu enverras de bonnes nouvelles, nous comptons apprendre sous peu de temps que tu es malade, d'une bonne maladie.[9] »

Avant d'accompagner la mariée chez son époux, le père de la fille offre aux crânes une poule, de l'huile et du sel. C'est pour marquer le départ de sa fille dans son nouveau foyer.

Au regard de toutes ces rites et prières, il est manifeste que le mariage est sacré, car tourné vers Dieu et l'esprit des ancêtres. Ce sont ces derniers qui bénissent et accompagnent les futurs époux dans leur vie conjugale. L'individu étant un élément du groupe, il a le devoir de perpétrer la lignée.

S'opposant à cette vision du mariage, les rayons des bibliothèques d'Occident comme d'Afrique regorgent d'études des chercheurs en sciences sociales sur les pratiques et la conduite des mariages en Afrique en général. C'est avec dédain sur fond de mépris que les uns et les autres, Occidentaux comme Africains exècrent les incongruités, les absurdités, voire la bestialité qui caractérisent ces unions dites mariages. Ici domine la volonté irréfragable de parents mus par une cupidité débridée qui ne laisse à la jeune fille aucune possibilité de choix. Une fois le contrat passé, commence pour la mariée l'interminable calvaire fait de durs travaux, sans assistance du mari, des accouchements à rythme accéléré dus au désir sexuel jamais assouvi d'un époux inconscient, de rixes ininterrompus qui voient coups de bâtons, coups de poings et injures pleuvoir sur la pauvre mariée. Le chapelet de ces récriminations est bien connu. Nous ne nous y arrêterons pas outre mesure.

Si nous pouvons admettre pour fonder de telles critiques, il nous semble tout de même étrange qu'une société ayant le mariage pour structure de base n'ait produit qu'un attelage grossier ; voilà pourquoi nous avons voulu plutôt nous référer aux origines de cette institution. Car il nous paraît tout de même irréel pour toute une société que sa structure de base, le mariage, soit tout à fait sans valeur. Les communautés africaines en général seraient-elles donc, dès leurs origines, assimilées aux sociétés animales dans lesquelles l'accouplement, simple effet de l'instinct conduit la procréation à devenir un fait inconscient laissé aux seules lois de la nature? Ne se pouvait –il pas que le mariage, dans ce continent, comme dans un autre, possède une valeur dont les populations manifestent indéniablement la conscience dans leur comportement de tous les jours ? Si oui, alors, il y a quelque injustice de s'attarder à la vision lapidaire de quelques aspects négatifs de cette institution et de noircir davantage une image déjà bien erronée de l'Afrique. D'où vient-il que nos doctes anthropologues, sociologues et ethnologues le classent purement et simplement dans ces fatras de pratiques dont les Africains seuls ont le secret ?

La recherche d'une réponse à cette dernière question nous ramène à deux périodes de l'Histoire. La première, celle que nous évoquions dans les lignes précédentes, se situe à la fin de la traite négrière, c'est-à-dire dans les années qui séparent le Congrès de Vienne de 1815 de la Conférence de Berlin de 1884-1885. Elle correspond à la période des explorations de l'intérieur du continent africain.

En fait, l'on peut remonter à ces deux périodes de l'histoire pour situer les origines de la crise du mariage en Afrique. Le mariage avant ces périodes était cette institution sur laquelle toute l'Afrique en général et la société bamiléké en particulier avait fondé son organisation sociale ; il possédait un sens cohérent que les avatars historiques ont galvaudé. La longue et douloureuse période de la traite négrière (XVe-XIXe siècles) a graduellement affecté les sociétés traditionnelles africaines. La recherche angoissée de la sécurité et la logique militarisée de cette époque ont bouleversées la structure sociale du continent. Lorsqu'on sait que ce commerce macabre affectait les hommes (en moyenne vingt déportés pour une femme) et que ceux ci étaient plus sollicités dans l'effort de défense, il arrivait qu'il ait (trois tués par esclave capturé vivant). Il est logique que le ratio homme-femme ait progressivement chuté en défaveur des premiers, renforçant la polygamie et l'hégémonisme mâle. Mais, il reste qu'à cette époque, le mariage conservait ses attributs d'institution régulatrice.

La seconde rupture interviendra après la Conférence de Berlin (novembre 1884 -février 1885) lorsque les Occidentaux prirent possession de l'Afrique Noire ; ils possédaient déjà, nourris par le long siècle de la traite, une vision totalement déformée de l'homme noir, renforcés par leur propre préjugé. Pour la première fois, les Européens abordaient les Africains « *In situ* », dans leur réalité quotidienne. Les apparences de toutes leurs valeurs culturelles, sous tous les angles ne pouvaient que leur apparaître inhabituelles, le mariage compris, dans toutes ses étapes : des fiançailles jusqu'aux activités qui ponctuent la vie au foyer. La poursuite des ingrédients pour soutenir la machine industrielle aidant, ces explorateurs ne pouvaient que rechercher des étalons adéquats pour analyser correctement cette réalité. Ils ont eu recours aux leurs. Ils ont donc purement et simplement appliqué au système matrimonial constaté sur place les normes qui régulent leur propre système à eux. C'est ici qu'il convient de situer la méprise qui vaudra au mariage en Afrique, les tableaux hideux dont nous avons ébauché quelques traits. Le célèbre directeur d'études à l'Ecole Pratique des Hautes Etudes de France, J. Maquet, l'aura perçu lorsqu'il a effectué cette approche comparative des deux réalités :

> « En Afrique, du mariage dépend la continuité de la lignée de l'ancêtre. Eviter l'extinction du nom de famille ne préoccupe en Occident que ceux dont le nom est prestigieux et les biens héréditaires considérables» (Maquet J. 1968 :263).

La méprise portant la lecture du système matrimonial africain aura ainsi été à l'origine de l'image du sombre portrait désormais plaqué sur l'Afrique. Il va de soi que la zone bamiléké en a été affectée. Pourtant, c'est J. Maquet qui a attiré l'attention sur cette lecture profonde du mariage dans l'aire culturelle africaine.

> « En Afrique, traditionnelle, écrit-il en effet, le lignage
> est important pour tout individu car il constitue le foyer
> de solidarité où chacun trouve protection, aire de
> soutien, tout au long de sa vie. Et pour que le lignage
> puisse remplir efficacement ces fonctions, il faut qu'il
> soit fort, que ses membres, soient nombreux. » (Ibib)

Nous ne manquerons d'insister sur cette période de l'histoire africaine survenue immédiatement après les travaux de la Conférence de Berlin de novembre 1884 - février 1885. Elle aura arrêté, de commun accord, des principes qui reconnaissent à chaque Etat européen sa et ses part (s) d'Afrique, avec cela va sans dire, tous les biens que renferment son sol et sous sol. Ce faisant, des directives décidées par ces nouveaux propriétaires de l'Afrique étaient données pour « *civiliser* » les anciens. Ce travail fut systématiquement opéré à travers le réseau serré des systèmes scolaires. Nous rappelons les dispositions prises pour sauvegarder le maximum d'uniformités dans cette œuvre de civilisation. Il fut recommandé, nous l'avons signalé, à chaque Etat – Nation européen nouveau et désormais propriétaire de sa ou de ses parcelle (s) d'Afrique.

> « D'aider autant que faire se peut, dans chaque pays et
> dans chaque localité du continent africain, à la protection
> des missionnaires chrétiens, sans distinction de culte. »[10]

Qu'est-ce que cela signifie sous l'angle de notre réflexion ? Tout simplement que la méprise antérieurement constatée et admirablement décrite par J. Maquet a été inoculée, comme fait de civilisation, aux Africains ainsi « *déculturés* ». C'est naturellement que le repoussant tableau que se faisait les doctes savants européens de l'Afrique, sur la réalité matrimoniale dans le continent deviennent de simples articles de foi repris par « *les civilisés* » sortis de l'école post-Conférence Berlin. Africains et Africaines ont eu à subir cette école qui, hélas a laissé sur eux des traces ; l'institution du mariage en a été affectée non seulement dans sa pratique ; en ce qui explique le sombre tableau que les analyses peuvent aujourd'hui en faire, mais aussi et surtout dans le regard que l'Afrique lui portera comme du reste à toutes les autres valeurs qui constitueront une nouvelle vie. Il n'y a donc pas à s'étonner de la rage avec laquelle, Africains et Africaines aujourd'hui si gauchement blanchis vilipendent leur système matrimonial traditionnel.

Y a t-il quelque plaisir à exhumer un aspect aussi repoussant de la réalité matrimoniale africaine ? A qui finalement rejeter le blâme de la transformation d'une société dont les valeurs initiales ont été vilipendées ? Une étude critique de l'ethnologue G. Dieterlen dresse un tableau sans complaisance de cette société ainsi transformée ; Pour elle, la femme noire n'a aucune liberté du choix du conjoint. Elle évoque l'affirmation sans ambages de l'inégalité absolue affichée par l'homme vis à vis de la femme, au point de faire de celle-ci son véritable esclave, bonne à tout assumer simplement les tâches domestiques en plus de « *Pondre* » sans contrôle les enfants. Elle a quelques raisons de flétrir la cupidité parentale, toujours plus exigeant d'une dot de plus en plus exorbitante. On peut en revanche déplorer qu'elle ne restitue pas le fait objectif qu'il ne s'agisse pas des valeurs premières de l'Afrique, mais du résultat direct de son ouverture au monde occidental et à ses valeurs essentiellement matérialistes. A l'observation, il s'agirait certainement de faits conjoncturels induits du contact culturel par le truchement de la civilisation dont le vecteur fut l'école moderne.

Il est déplorable qu'on ait entretenu la discrimination et maintenu que les sociétés qui n'avaient plus d'africaines que le nom soient représentatives de l'Afrique ancienne en ignorant le creuset vraiment africain qui, dans les recoins du monde noir et plus spécifiquement à l'Ouest-Cameroun, se sont efforcés de matérialiser intacte la maigre valeur du mariage. Heureusement, des études critiques sont venues les contredire et restituer à l'Afrique, sa vérité historique. G. Dieterlen est de ceux là. Cette anthropologue est allée plus loin que la coque superficielle noircissant le tableau du mariage en Afrique pour en montrer la vraie réalité. Elle a projeté une grille de lecture de nature à balayer le préjugé qui détruit toute égalité entre l'homme et la femme au point de ravaler cette dernière, une fois mariée, au rang de « *pondeuse d'enfants* » et de bête de somme, dans l'indifférence totale du mari. Elle aura donc restitué à l'Afrique la véracité de son organisation sociale lorsqu'elle écrit qu'en Afrique,

> « L'homme et la femme possèdent... une bisexualité permanente, laquelle leur confère d'une part la complémentarité voulue aux origines par le créateur qui, androgyne, le premier être vivant (la graine de no pi lu-image d'atome), d'autre part, la fécondité sur le plan physique comme le plan intellectuel et psychique » (Dieterlen G.1973 : 2007).

La complémentarité dualiste qu'elle a révélée chez les Dogon est celle de toute l'Afrique, en particulier du Bamiléké. On le découvre une fois débarrassé des préjugés et suivant plus attentivement les comportements quotidiens des intéressés. Ni les Dogon, ni les Bamiléké non plus que d'autres Africains, possèdent de codes écrits à ce sujet. C'est dans l'existence quotidienne qu'un regard attentif découvre leur conduite. G. Dieterlen n'hésite pas, au regard de ce trait fondamental du mariage en Afrique à projeter celui-ci à son niveau le plus élevé et y voir *« Une complémentarité voulue par le créateur » (Ibid.)* Ceci doit pouvoir expliquer tous les rites qui entourent encore de nos jours cet acte fondamental de la société dans tous les villages bamiléké de l'Ouest -Cameroun. Il y apparaît comme l'accomplissement de la volonté même du Créateur.

C'est à la suite de cette invocation que la fille est ointe comme nous l'avons dit plus haut d'huile et d'une fine couche de poudre d'acajou, au front. Inégalité péremptoirement sécrétée par l'homme pour réduire la femme en esclavage ? Nous sommes loin du contexte occidental dont parlait J. Maquet, celui dont la préoccupation essentielle est de pérenniser nom et biens matériels, individuels alors que, dans le contexte africain, la finalité du mariage est de pérenniser la lignée de l'ancêtre.

Ce que les observateurs pressés et pleins de préjugés ont taxé de cupidité insatiable des parents, doit être apprécié et évalué à l'aune des observations de J. Maquet lesquelles reposent sur le principe de base énoncé dans les pages précédentes lorsque nous établissions la différence entre les réalités matrimoniales africaines et occidentales.

C'est donc sous cet angle, qu'il faut comprendre que

> « le mariage d'un des membres d'une lignée ne concerne
> pas que lui et son futur conjoint, mais tous leurs pères
> et mères, frères et sœurs » (Maquet J. 1968 264).

Nous n'allons pas nous étendre ici sur toutes les démarches préalablement faites pour s'assurer que la future conjointe n'appartient pas à une lignée qui traîne des tares héréditaires. Sont-ce donc les deux proposés au mariage qui vont remonter les lignées respectives pour se donner cette assurance ? L'on peut et doit objectivement comprendre et admettre que *« L'initiative des démarches préparatoires appartient aux parents du jeune homme »* (Maquet J. 1968 :264). Selon un code bien établi dans la société traditionnelle. De plus, Maquet est formel sur la possibilité de décision finale laissée à la jeune fille, car il écrit :

> « Les parents de la jeune fille… sont pressentis d'une
> manière telle qu'ils aient le temps de consulter celle-ci
> et que, si elle refuse, personne ne perde la face. En cas
> de conflit entre attirance personnelle et choix du lignage,
> des procédures coutumièrement prévues permettent en
> général au garçon ou à la fille de faire finalement
> prévaloir leur volonté, à condition qu'ils aient l'énergie
> suffisante pour résister aux pressions familiales » (Ibid).

C'est sous l'angle du principe récemment évoqué, selon lequel le mariage conditionne de la continuité de la lignée qu'il faut comprendre la pratique actuellement désacralisée de la *« dot »*. Ici aussi les propos de Maquet devraient permettre de rectifier la mauvaise perception que les uns et les autres ont des pratiques africaines en prenant pour base les modèles extérieurs à ce contexte dans lequel *« l'économie du marché et de profit est devenue dominante »* (Maquet J.1968 :263°).

L'auteur rappelle en effet, la pratique dans certaines sociétés d'agriculteurs, telles celles des Nbuti de l'Ituri et des Amba de la région du Ruwenzori, du mariage jumelé. Elle part d'un principe de base commun aux Africains en général, donc à ceux de l'Ouest

Cameroun aussi. Il s'agit de la conscience plus vécue qu'exprimée que « *La fécondité d'une fille est la valeur précieuse et très naturellement, un lignage qui se sépare de cette valeur en envoyant la fille en mariage veut en obtenir une équivalente* »(Ibid). Dans ce référent, il serait logique que :

> « le lignage qui demande une épouse pour l'un de ses hommes offre en échange, une de ses propres femmes qui épousera un frère de la femme demandée. Ainsi, ni l'un ni l'autre des lignages ne s'appauvrit »(Ibid).

Des vestiges de cette pratique subsistent dans certaines populations du Cameroun pour qu'ils se retrouvent dans cette attente des parents de voir leur fille capitaliser toutes les valeurs : obéissance, respect, partage et fécondité qui lui permettront d'assumer une bonne vie conjugale, d'alterner des accouchements entre garçons et filles. Cela ressort de cet extrait de l'invocation que J. L. Dongmo nous rapporte de la bouche du père de la fille au moment de la remettre à son conjoint :

> « Crânes de mes aïeux, cette fille vôtre que vous avez toujours protégée, va quitter aujourd'hui la maison paternelle pour aller en mariage. Accompagnez ses pas, protégez son foyer. Et toi ma fille, si tu écoutes bien la bouche de ton père, tout ira bien pour toi. Tu sors d'une maison très féconde en vertu : montres-toi digne d'elle. Sois comme ta mère ; bonne cultivatrice, le travail est le secret du bonheur. Folie si tu crois ceux qui te diront que la magie procure d'abondantes récoltes. Respecte les anciens, respecte ta mère.
>
> N'insulte jamais quiconque te dépasse. Donne à manger à tes visiteurs. Avec ton mari, jamais de désaccord ! Fais la joie de l'époux que ton père te donne. Qu'il t'envoie la nuit, obéit. Qu'il fasse chaud, qu'il fasse froid, fais ce qu'il te demande. Le mari d'aujourd'hui tu le reçois avec joie, sache que si demain la lèpre le ravage, tu devras lui rester fidèle et tendre.

Partagez vos joies, partagez vos souffrances, car vous n'êtes plus qu'un.

Que les Dieux guident tes pas, qu'ils te comblent d'enfants. Un garçon, une fille, un garçon, une fille. Que ta source ne tarisse jamais. Ma fille, les dieux de tes ancêtres sont avec toi, ne crains rien. Si une chenille grimpe sur ta tête, qu'elle descende compris !

Oui père ! Ma fille, si quelqu'un te regarde avec un mauvais œil, que ses yeux s'assombrissent. Compris !

Oui père.

Crâne de mes aïeux, cette fille vôtre que vous avez toujours protégée va quitter aujourd'hui la maison paternelle. Accompagnez ses pas, protégez son foyer. »[11]

Le lecteur aura découvert lui-même l'idée cachée derrière cette alternance des accouchements. Que les biens matériels de grande valeur dans le contexte donné aient été substitués à la femme dans le cas des « *mariages jumelés* », entendons polygamie, c'est sans aucun doute à cause des inconvénients, et à n'en pas douter, c'est l'infécondité probable de la femme remise en échange, face à la fécondité de l'autre. L'on peut alors admettre toute l'injustice ressentie par les Africains informés de la valeur de leurs traditions matrimoniales. Et c'est justement que J. Maquet estime ;

« Avec raison, les Africains (dont les bamiléké de l'Ouest-Cameroun) s'offensent lorsqu'on considère la compensation matrimoniale comme le prix d'achat d'une femme. Interprétation aussi fausse … que celle qui ferait de la dot européenne le montant que paie un père pour procurer un mari à sa fille »(Ibid).

Si les détracteurs des pratiques matrimoniales africaines se débarrassaient de leurs préjugés, et se donnaient du temps pour une étude objective et critique des faits culturels de ces peuples, ils s'apercevraient alors que le mariage recèle une valeur inestimable, au regard de sa finalité de pérenniser la lignée. Il est de ce fait *« conclu à la satisfaction des deux lignages, ceux-ci souhaitent et travaillent pour sa stabilité et persuadent les époux en désaccord de ne pas se séparer»* (ibid).

Les réflexions menées jusqu'à ce niveau devraient à notre sens, commencer à inviter les chercheurs à plus de nuance dans leurs affirmations. L'examen attentif du fait religieux, dans la conduite des naissances et des mariages a laissé apparaître des valeurs susceptibles de générer, dans les hautes terres de l'Ouest -Cameroun, une société digne de ce nom, et qui soit sans complexe face à toute autre société sous réserve bien entendu de considérer ses spécificités culturelles. Ces acquis sur deux domaines devraient nous épargner d'autres analyses pour connaître la valeur réelle des deux autres faits sociaux que nous avons retenus au début, à savoir l'initiation et les funérailles.

D. Des valeurs des rites d'intégration
D.1. Rites initiation- éducation

L'on parle généralement d'initiation pour désigner comment l'Africain développe progressivement les capacités naturelles de l'enfant qui vient au monde en vue de l'intégrer dans la société. Il s'agit d'éducation, fait inhérent à toute société. Beaucoup cachent à peine leur tendance à dévaloriser le premier mot au profit du second. Cette observation du P. Alexandre va quelque peu dans ce sens. Après avoir présenté la structuration évolutive de l'éducation traditionnelle africaine, l'auteur écrit :

> « On peut dire grosso modo, que l'organisation de l'éducation était généralement, surtout en ce qui concerne les hommes, parallèle à l'organisation socio-politique et conditionnée par elle. On connaissait donc assez peu de ce système comportant des organisations comparables aux écoles européennes, avec un personnel ne s'occupant que de l'éducation.... » (Alexandre P.1968 :142).

Avant d'arriver à cette présentation comparative, P. Alexandre aura fait ressortir plusieurs faits qu'il croit spécifiques à l'Afrique. Lorsqu'il prétend qu'il s'agirait là-bas de « *sociétés où la compétition était limitée et où le rôle de chacun était déterminé surtout par des facteurs extrinsèques à la personnalité* » (Alexandre P. 1968 :141) .L'auteur pense sans doute au principe qui, dans le système occidental, donne théoriquement à tous les enfants, peu importe leur origine sociale, toutes les chances de réussite dans la vie. Or en Afrique, fait-il remarquer :

> « L'éducation visait à l'intégration harmonieuse de l'individu dans le groupe social, conformément au statut que lui assignait son sexe, son rang de naissance, la fonction sociale de ses parents etc… » (Ibid).

Quiconque connaît le fonctionnement, de facto, du système scolaire en Europe, eu égard surtout aux exigences pour l'entrée dans les Ecoles qui forment à certains métiers, peut se demander si cette affirmation de P. Alexandre ne concerne plus que les seuls Africains, même si ce qu'il dit se vérifie assurément dans la plupart des pays africains et surtout dans les hautes terres de l'Ouest-Cameroun. En outre, l'auteur fait ressortir un fait spécifique, la démarcation entre l'éducation –initiation des garçons et celle des filles, restant entendu que ;

> « La première éducation-initiation, jusqu'au sevrage (dix huit mois à trois ans) incombe à la mère. La division par sexe commence au sevrage et s'accentue avec l'âge » (Ibid).

La pratique est courante en Afrique. Elle est fondée sur la logique évidente ; le père s'avère naturellement plus sollicité hors de la maison que la mère, les besoins domestiques l'exigent. Par principe, la mère étant meilleure gardienne des traditions peut les infuser à l'enfant dès le bas âge, en même temps qu'elle le nourrit de son lait. Avec le sevrage, l'enfant est prêt à évoluer avec l'apport ;

> « d'abord des frères et sœurs aînés, puis de plus en plus des adultes… d'abord dans le cadre de la famille restreinte, puis, dans un cadre plus large… » (Ibid)

Ce sont des pratiques encore courantes dans les villages bamiléké. Non seulement cette éducation ouvre les jeunes aux traditions qui demeurent le support indispensable à la vie du groupe, mais aussi cette éducation qui devient progressivement communautaire intègre ces jeunes dans tout le tissu social et bien plus dans la lignée des ancêtres.

Une synthèse d'enquêtes réalisées dans des chefferies résume la pratique : La cérémonie d'initiation se déroule pendant neuf semaines, donc soixante douze jours. Le contenu du rite tenu secret par les initiés. Dans tous les cas, l'on retient des initiés que l'enseignement intègre la connaissance intime des règles, des pratiques permettant à l'enfant d'intérioriser les nécessités de la vie collective ; l'obéissance, la solidarité, le travail, la capacité de gagner la vie par soi-même, de diriger une famille. [12]

P. Alexandre a remarqué cette éducation- initiation présente dans ce qu'il appelle les sociétés initiatiques d'Afrique. Il dit qu'elles

> « se chargent de l'éducation des enfants, retirés à leur famille et envoyés à la (bush-school) pour une période atteignant sept ans (l'auteur se trouve chez les Manvé) »(Ibid).

Au regard du riche contenu de ce type d'enseignement, brossé par P. Alexandre et à l'expérience que nous avons de ce qui se passe en pays bamiléké, nous avons spontanément pensé aux séminaires, surtout catholiques dont le contenu des enseignements et leur durée font penser à une formation spéciale qui ouvre le jeune à certains domaines de connaissance qui ne sont plus à la portée du commun des mortels. Pour P. Alexandre en effet,

> « Les matières enseignées variaient … en gros, les techniques (y compris la guerre, l'amour et la cuisine) ; l'étiquette, les mythes historiques et cosmologiques, les généalogies, les pratiques magiques courantes, la rhétorique et la musique entre autres »(Alexandre p.1968 143).

L'on comprend alors pourquoi le port des masques fait partie intégrante de ce type élevé d'éducation- initiation en pays bamiléké comme elles doivent certainement le faire ailleurs et certainement en Afrique. (Perrois L. et Notue J.P. 1997) Les initiés sont préparés psychologiquement à prendre conscience de l'état de la vie nouvelle à laquelle ils sont introduits. Le masque traduit une sorte de rupture d'avec leur vie antérieure, comme une destruction de cet être antérieur. C'est comme s'ils subissaient une mort symbolique à l'entrée dans un autre monde. C'est dans ce sens que Kintango, le maître initiateur dans *«Racine»* d'Alex Haley s'exclamait : *« Les enfants ont quitté le village de Tourré... les hommes nous reviendront... »*[13] D'ailleurs en s'adressant aux initiés, le Kintango leur donne des enseignements plutôt pratiques :

> « Vous apprendrez à vaincre la peur pour devenir des hommes... La peur engendre la faiblesse et un homme faible est un danger pour sa tribu... La guerre n'est pas faite pour tuer, mais pour vaincre... Vous pouvez ôter la vie d'un homme, mais son fils devient un ennemi... Ce n'est pas en la mort qu'il faut croire, mais en la vie... »[14]

En ouvrant aux mythes historiques et fondateurs, ce type d'éducation initiation introduit l'initié dans la symbolique des choses. Il ne pourra plus se contenter de la superficialité en tout et partout, mais sera apte à pénétrer l'être profond et dont il saisira le sens. L'éducation porte sur la valeur de la vie qu'il faut connaître et accroître : le travail... C'est ici l'occasion de dégager une philosophie du travail comme valeur individuelle et sociale. La force du travail et la capacité d'user des revenus pour pouvoir construire une maison, payer la dot d'une ou de plusieurs femmes. La force du travail et du capital investie dans le commerce et les affaires offrent des possibilités multiples du point de vue économique certes, mais sociale également (acquérir un titre de notabilité par exemple)[15] au village, être membre de plusieurs associations lesquelles vous assistent lors des occasions de joies (naissances, promotions sociales) et des peines (deuils). La force du travail permet d'acquérir des objets utilisés dans certaines danses lors des funérailles : perles précieuses, peaux de panthère, queues de cheval, tissus traditionnels communément appelés « *Nsuo nduop* », sacs et autres ornements.

D'autres valeurs du rite d'initiation méritent d'être présentées à travers cette synthèse issue des résultats de nos enquêtes. Connaissance des règles et interdits sociaux : l'initié distingue désormais le profane du sacré. Il peut alors entrer dans le bois sacré dont l'influence sur la vie du Bamiléké est multidimensionnelle. Il connaît les secrets et, mieux que quiconque, il sait que cette forêt est un lieu de sacrifice, le sanctuaire des totems du village et des esprits des ancêtres. Mieux que n'importe quel jeune du village, il sait désormais dans quelle forêt on ne ramasse pas du bois, ne cueille pas des fruits, ne fait pas la chasse, ne met pas le feu ou ne jette pas des cailloux de peur de briser les calebasses et canaris sacrés. Il a appris également que cette forêt recèle des plantes médicinales. [16]

L'initié devient un maillon important de la vie sociale, il s'intègre dans une lignée et appartient désormais à une classe sociale regroupant les jeunes de son âge communément appelée « *Medzong* » dans les chefferies du département de la Ménoua et d'ailleurs.[17] Dans sa classe d'âge le jeune homme collabore avec tous ses amis pour mener certaines activités sociales ou collectives (construction de l'habitat ou d'un pont, création d'une route ou des plantations, défense de la contrée en cas d'attaques extérieures …). Il cultive la nécessité de réussir pour le bien de la famille et de la communauté toute entière, afin d'en devenir un dignitaire.

Photo 11 : Danse de Medzong lors des funérailles de Djoumessi Mathias en avril 2009 (Foréké Dschang).

Nature	Observations
Un groupe des danseurs du Medzong à Foréké – Dschang.	Les danseurs sont habillés d'une tenue faite en tissu « ndop ». Leurs pieds sont parés de « Ndjaka'a » sorte de castagnettes qui rythment leurs mouvements. Leur entrée en scène donne lieu à une scène de guerre. Ce sont en fait les guerriers de la chefferie. L'histoire reconnaît qu'en temps de guerre, les anciens guerriers ont secouru le village et sont à l'origine des victoires consécutives à l'agrandissement de la chefferie. En temps de paix, ils sont chargés des travaux d'intérêts communs pour la communauté.

L'initiation devient un transfert de savoir

« Le rite étant un enseignement sui-generis ou la transmission de connaissance passe par la culture de la patience, une mise en garde contre les forces de la nature. L'initié doit développer la curiosité, la patience, l'endurance, la discrétion, la maîtrise de soi et l'intelligence » (Pangop A.1997 :111) .

L'initiation a donc pour but de susciter chez le jeune garçon des qualités qui feront de lui un membre important de la communauté. Cette distinction sociale se matérialise le plus souvent par la construction de sa petite case à côté de la concession paternelle. Cette réussite est toujours encouragée et souvent récompensée par des distinctions sociales. A cet effet, Mgr Gabriel SIMO, évêque auxiliaire de l'actuel diocèse de Bafoussam, faisait remarquer que :

« dans le pays Bamiléké, l'ascension sociale de l'individu est récompensée par un nom, par un titre nobiliaire. Désormais le concerné peut se parer de certaines tenues et bijoux liés à son titre. Il peut se faire entendre et donner son avis pour des problèmes d'importance capitale de sa contrée. »[18]

La fin de l'initiation est une fête qui célèbre une renaissance de l'individu comme le remarquent A. Tatiamna Sanon et R. Luneau

> « C'est en fait une triple naissance qui est célébrée, naissance de la communauté villageoise renouvelée en ses valeurs fondatrices, naissance d'une nouvelle génération dans la lignée de la tradition, naissance enfin de chaque membre situé dans sa génération et dans la communauté selon l'authentique tradition » (Tatiamna S. et Luneau R. 1982 :27).

On comprend pourquoi dans l'Afrique traditionnelle, avoir des enfants non initiés est signe de honte et de déshonneur pour un parent, puisqu'ils ne peuvent pas être considérés à la chefferie ni obtenir un titre. Un non initié n'appartient à aucune classe d'âge, il est considéré comme irresponsable[19].

D.2. rites funéraires

La mort est un mystère. Ce phénomène nous échappe et provoque un sentiment de répulsion. Parce que mourir est une évidence, nous préférons souvent ne pas en parler et nous investir davantage pour la repousser le plus loin possible dans le temps. Cette occultation de la mort et la contradiction qui s'en suit constitue une impasse humaine. En effet, quelle que soit la société donnée, l'on ne peut faire fi des rites funéraires qui sont une nécessité pour tous les vivants. Le Bamiléké reconnaît et réfute en même temps la rupture que la mort entraîne. C'est ce qui explique l'ensemble des rites qui accompagnent la célébration de la mort. Parmi ces rites, nous nous intéressons aux funérailles dans la perspective de la coutume bamiléké.

Les funérailles d'un défunt parent sont une fête grandiose qui rassemble tous les membres de la famille et collatéraux, pour l'élever et l'intégrer au rang des ancêtres.[20] Elles s'organisent en la mémoire d'un ou de plusieurs défunts ; une fête d'intégration des défunts dans la grande famille des ancêtres. Fête de reconnaissance et de remerciement à ce défunt qui a engendré une descendance féconde et dynamique. Toute sa lignée organise les funérailles pour témoigner sa satisfaction et l'exhorter à intercéder davantage auprès de Dieu pour sa protection.[21]

Ainsi, dans tout le pays Bamiléké, la période allant de novembre à avril est dite « *saison des funérailles* ». C'est tout le monde qui organise et célèbre les funérailles en mémoire des défunts parents. Il ne s'agit plus des manifestations de tristesse et de deuil comme lors des obsèques, mais d'explosion de joie. Les funérailles constituent une donnée traditionnelle jusqu'ici inviolable parce que sacrée et source de bénédiction. En cherchant à circonscrire, à saisir l'âme de ce rite funéraire cher aux populations Bamiléké, nous avons pour préoccupation de savoir la valeur qu'elles revêtent chez ces populations. L'évaluation se fera en deux moments : nous commencerons par donner une définition du mot funérailles, pour ensuite établir ses valeurs cultuelles et culturelles.

Disons tout de suite que les funérailles sont l'ensemble des cérémonies rituelles qu'une famille organise pour marquer la fin du deuil de l'un de ses membres. Pour le Bamiléké, elles sont la manifestation objective de la croyance en une vie après la mort. Comme nous l'avons fait remarquer plus haut, le Bamiléké croit en un Dieu créateur de toute chose. Il estime que pour l'atteindre, il faut transiter par des intermédiaires, des parents défunts. Ceux-ci dans sa vision religieuse sont des traits d'union entre les vivants et les morts. Après les cérémonies liées au culte des ancêtres, le défunt est classé au rang des dignitaires ancestraux, ultimes médiateurs entre les vivants et l'Au-delà. Voilà pourquoi pour M. Tegomo Nguetse,

> « Les funérailles Bamiléké sont un rite du culte des morts organisé pour la glorification du défunt au milieu des ancêtres au rang desquels il se trouve désormais inscrit » (Tegomo Nguetse M. 1997 :29).

En fait, la cérémonie commence la veille par un rite. Elle se déroule dans un lieu sacré, le « Nguia ndem ». Ce rite rassemble uniquement les membres de la famille. Il s'agit de poser un geste symbolique de communion avec les âmes des morts considérés comme intermédiaires avec l'au-delà. Ainsi, les crânes des parents défunts sont arrosés de l'eau, de sel, de sauce jaune, d'huile de palme, de viande ou du pistache appelé « repas de Dieu ». On élève ainsi le défunt au rang de l'ancêtre. Si les funérailles élèvent le défunt au rang des dignitaires ancestraux, elles constituent en même temps le cadre rituel d'une religion qu'il faut respecter à cause des valeurs qu'elle exalte : la glorification de la mémoire d'un défunt qui vous est cher :

> « C'est avant tout la célébration des valeurs supérieures qui conditionnent la vie de l'Homme ici bas et dans l'au - delà selon la vision anthropologique et religieuse des peuples Bamiléké. Si l'on considère ici la grandeur d'un Homme précis sur la terre, grandeur sociale ou morale, il est question de laisser comprendre que ladite grandeur ici bas n'était qu'une manifestation d'une autre grandeur, la grandeur spirituelle devant les ancêtres et devant Dieu » (Tegomo Nguetse M. 1997 :28).

Cérémonie de victoire de la vie sur la mort, les funérailles sont la manifestation de la valeur et de la place privilégiée du défunt dans sa communauté sociale et familiale. La famille doit insister sur le fait que le défunt n'a pas été inutile de son vivant. Il a procréé, a laissé une progéniture opulente et valable. C'est donc pour ces motifs que les funérailles sont de grandes occasions de réjouissances populaires à caractère aussi festif que somptueux. De fortes sommes d'argent sont dépensées pour nourrir les foules venues de toutes parts, les danses folkloriques sont exécutées, la solidarité se fait plus que jamais active. Nous sommes ainsi au cœur d'une des plus importantes manifestations séculaires de la culture bamiléké et c'est pourquoi il nous faut comprendre la signification et en tirer les valeurs.

Tout aura contribué le jour des funérailles à montrer la dignité solennelle de la manifestation ; somptuosité du cadre des célébrations, pagne traditionnel d'apparat étalé, objets d'art exposés (peaux de panthère, défenses d'éléphant, queue de cheval, couronne d'arabesque parsemée des plumes d'autruche et d'oiseaux rares …). Autant de signes pour montrer la dignité du défunt dont la mort mérite d'être célébrée.

Photo 12 : Solennité lors des funérailles

Nature	Observations
Solennité lors des funérailles	La photo présente un notable habillé en tissu « ndop » et paré de Peau de panthère au dos, Il tient à sa main droite une queue de cheval de couleur blanche. En arrière fond, une reine portant sur la tête une couronne d'arabesque faite de plumes d'oiseaux rares. C'est le faste lors des funérailles en pays bamiléké.

Les funérailles traditionnelles sont aussi la proclamation des valeurs supérieures qui conditionnent la vie de l'homme ici bas. Dans cette optique, le Bamiléké ne célèbre pas les funérailles du voleur, du criminel ou du sorcier … Il en dira plutôt « l'imbécile est parti. Dieu a réglé son compte et nous a libéré » [22]

Donc, la grandeur sociale et morale d'un homme sur terre, est spirituelle à la fois devant Dieu et devant les hommes. Or, il est reconnu dans la tradition bamiléké qu'un individu n'est grand que par ses actes de bienfaisance, ainsi que par ses succès sur terre. Par conséquent, pour mieux assurer notre existence sur terre, nous devons entretenir de bonnes relations avec nos semblables, les hommes, nos ancêtres et Dieu, l'Etre suprême.

La relation de l'Homme avec lui-même : il s'agit d'une méditation en profondeur comme le *« connais-toi, toi-même »* de Socrate, ce qui permettra à l'homme de procéder à une introspection pour un examen de conscience.

La relation horizontale est celle de l'homme avec ses semblables.

Dans les funérailles traditionnelles se rencontrent toutes ces valeurs ; à travers les relations en profondeur ou relations avec soi-même, le sujet humain se rend compte qu'il n'est pas le fruit du hasard, qu'il est issu d'un père et d'une mère ; bref des parents envers lesquels il est redevable pendant qu'ils vivent. C'est le lieu de remarquer que c'est l'un des grands commandements divins qu'il faut respecter *« Honore ton père et ta mère »*. Même après la mort des parents, le Bamiléké estime qu'il leur est toujours redevable.

La solidarité agissante dans les funérailles : recherche de la cohésion familiale. En ce sens, elles rassemblent les membres d'une famille. L'on réalise la cohésion autour du clan. Les funérailles permettent aux membres d'une famille d'oublier les soucis, les difficultés, les rancunes et haines. C'est l'occasion de communier ensemble vers un même idéal, de se rapprocher. En revanche, les sociétés qui n'ont pas ces moments d'être ensemble s'émiettent, les gens vivent dans l'isolement, ce qui conduit à l'absence de solidarité.

S'agissant de ces relations horizontales, l'homme s'associe à son prochain avec qui il ne partage pas forcément la même culture, afin que celui-ci soit le témoin des funérailles qu'il organise en mémoire des parents. Ce sont en fait des amis et autres invités qui consomment ce que l'on a préparé pour la circonstance. Autrement dit, les funérailles sont l'occasion de partage, d'échanges. C'est aussi l'occasion de montrer aux autres qu'on a grandi, qu'on est devenu mature et responsable. C'est en somme l'école de l'émulation et de la filiation responsable. Il faut se montrer digne fils ou fille de son père ou de sa mère.

Relation verticale ou celle avec l'Absolu, il s'agit de toutes les valeurs qui soient au -dessus de nous et qui nous invitent au dépassement, à l'élévation spirituelle. En fait, les funérailles permettent la réconciliation avec les défunts devenus saints par leur mort, protecteurs de leur progéniture. En fait, l'ancêtre étant celui qui a vécu de façon exemplaire se doit d'être consulté par les vivants pour avoir le succès, la paix, le bonheur. Dieu, être suprême doit être atteint à travers l'ancêtre. C'est ici qu'intervient la partie cachée du rite, la partie émergée de l'Iceberg, celle non dévoilée à ceux qui viennent aux funérailles. Le mot caché traduit la part du secret et des rites particuliers notamment les cérémonies autour du crâne, à la veille du grand jour de l'événement. Ceux-ci rassemblent uniquement les membres de la famille. Il s'agit essentiellement de poser des gestes symboliques de communion avec les âmes des morts considérés comme étant vivants dans l'au-delà. Ainsi les crânes des parents défunts sont arrosés d'eau, de sel, de sauce jaune, de viande ou de pistache. Le reste de repas est partagé entre les membres de la famille d'abord et ensuite aux participants. Ce geste traduit la communion plus visible entre les membres vivants. Notons que la communion devient communication et prière, l'héritier principal, organisateur des funérailles, répand la nourriture sacrée au sanctuaire familial, maison des crânes, demeure des ancêtres dans le mental des Bamiléké.

Cet honneur fait aux morts à travers ce rite, se retrouve chez d'autres peuples et notamment en Egypte ancienne. Comparaison qui se justifie ici du fait de la parenté spirituelle envisagée par Cheikh Anta Diop et reprise par ses disciples dont l'abbé Thomas Ketchoua entre l'Egypte ancienne et les peuples de l'Ouest-Cameroun.[23] En effet, d'après les croyances des anciens Egyptiens, le repas funéraire en offrande de pain, bière, vin, oies ...etc est déposé sur la tombe du défunt. Cette vieille pratique en Egypte ancienne, qui entrevoit et établit un lien symbolique de communion permanente entre la vie terrestre d'ici-bas et le royaume de l'au-delà céleste, n'est-elle pas semblable au précepte biblique de l'exode ? L'honneur fait aux morts des nécropoles égyptiennes et le culte des ancêtres chez le Bamiléké ne s'apparentent-t-ils pas aux pratiques de la communion des saints, des reliques dans la religion catholique ? [24]

Les funérailles sont une culture de la mémoire. L'on ne saurait oublier la place déterminante du lignage en Afrique. Chacun doit connaître ses ancêtres et se sentir solidaire d'eux. Par la connaissance de son arbre généalogique, l'être humain apprend à sortir de lui-même pour s'intégrer dans le groupe. C'est ainsi que les ancêtres occupent une place primordiale au cœur de l'existence des vivants. Ils sont garants des coutumes et de la loi morale. Le substrat éthique de la communauté repose sur eux. Dans cette optique, les funérailles sont une occasion de culture de la mémoire des plus jeunes. Les parents leur enseignent qui sont les ancêtres et quel rôle ils ont joué dans le clan. En organisant une fête en leur mémoire, les jeunes comprennent plus facilement le devoir d'assurer la survie du groupe et de perpétuer le lignage. Il s'agit de travailler comme les ancêtres à la prospérité du clan, à son unité, à son honneur. Nous dirons avec M. Ndongmo et M. Kouam que

> « La force de l'Africain vient de son effort à ne pas rompre la communion entre les vivants et les morts. Il n'y a pas pire malédiction pour lui que de se sentir exclu ou isolé du clan. Si cela arrive, ce serait le symbole d'une mort sociale et existentielle » (Dongmo M. Et Kouam M. :37).

En temps que rite qui permet de relier l'homme à l'au-delà, elles sont une pratique religieuse et pour plusieurs prêtres indigènes, elles peuvent être classées parmi les rites Bamiléké à évangéliser. En pays Bamiléké, on organise de plus en plus les funérailles des prêtres. Pour l'abbé François Marie Tchamda, mort en 1977, un programme de funérailles de trois jours à Bafang (16 novembre-18 novembre 2000) fut la manifestation plausible de la vision chrétienne des funérailles.[25] Nous retenons que les funérailles en pays Bamiléké sont une pratique séculaire ayant l'allure d'un devoir religieux et renfermant des valeurs pour tout Bamiléké qui doit s'intégrer au sein d'une communauté, d'un clan. Au de -là de l'argent, du manger, du boire et du danser, partie immergée de l'iceberg, signes extérieures d'une pratique, les rites funéraires mettent en relief le sens du sacré, le fait religieux chez le Bamiléké. Ils revêtent plusieurs significations qui s'harmonisent et se complètent. La spiritualité sous jacente à la pratique des rites funéraires est la suivante : « les morts ne sont pas morts ». C'est pour cela que tout Bamiléké devrait entreprendre toutes les démarches liées à la mort d'un parent pour atteindre cette étape ultime pleine de valeur.

Après examen, l'on s'aperçoit que l'Africain, les Bamiléké, à l'instar de tout peuple, a élaboré une manière particulière d'assumer son existence. Nous venons de le remarquer, dans cette tradition, les moyens les plus courants sont imprégnés du religieux. La religion fait ainsi partie de son patrimoine culturel, de sa civilisation. Cet ensemble constitué des valeurs, preuves qu'à l'instar des autres groupements humains dans le monde, les Bamiléké sont dotés des capacités créatrices qui leur sont propres. En clair ils se sont montrés capables, comme les autres, d'explorer, d'exploiter les éléments propres à leur environnement pour faire face à leurs besoins fondamentaux. Ces valeurs, nous l'avons vu, se retrouvent dans les éléments qui ont trait au religieux et sont aussi d'ordres socio-économiques, pratiques qui régulent au quotidien la vie des individus.

Notes

1. KOTTO ESSOME, Agrégé de philosophie, épistémologue, ethnologue, mathématicien, professeur pendant une vingtaine d'années à Paris VI et Paris IV Claude Bernard. Ce camerounais a contribué à l'élaboration d'un modèle missionnaire : le modèle de la Communauté Evangélique de l'Action Apostolique (CEVAA), un ensemble constitué par 48 églises d'Afrique , d'Europe, du Pacifique ,et de l'Amérique Latine qui, en 1971, ont décidé de rompre avec la vision paternaliste de la Mission pour s'engager dans un partenariat où l'on met les moyens dans un échange pour annoncer l'Evangile à tous et où les Eglises membres participent à la prise de décision sur les orientations et les engagements de la communauté.

2. Dans ses travaux de recherche en Maîtrise, Edouard Bokagne a essayé d'expliquer l'endocentrisme comme la vision théologique cosmique africaine de l'univers. Il est un système religieux cohérent, qui possède pour principales fonctions d'abord d'expliciter la perception à priori du cosmos par l'homme noir. Ensuite, d'analyser la raison fondamentale de toute cette fonctionnalité, résumée en un être supérieur, initiateur et ordonnateur de tout cycle bio-vital. L'endocentrisme perçoit deux mondes liés : le visible et l'invisible, chacun exerçant une action sur l'autre. C'est avec ces deux mondes dans leur globalité que le sujet africain entend s'ajuster et rester en harmonie, « démystification du Christianisme à la lumière de l'Histoire », Université de Yaoundé, 2001, P.68.

3. L'anthropologue anglais Edwards Tylor qui fut le premier à traiter de la théorie des civilisations primitives dans sa brochure « *Primitive Culture* » pense plutôt que l'animisme dériverait de cette tentation de

l'Homme voulant expliquer le sommeil, le rêve. D'après ce dernier, l'expérience des rêves, des visions, des hallucinations animent les peuples primitifs à croire qu'une âme habiterait le corps. Selon cette théorie, puisque l'on rêve souvent des êtres chers que l'on a perdu, c'est que l'âme survit, qu'elle quitte le corps et s'en va résider dans les arbres, les rochers, les rivières... Par la suite, l'Homme en vient à diviniser et à rendre un culte aux objets sensés abriter une âme. Aussi Edwards TYLOR proposa-t-il la théorie dite de l'animisme qui caractérise les religions dites primitives. Par fétichisme, L. V. Thomas et R. Luneau impliquent la manipulation du sacré, action ordonnée de l'homme sur les puissances sacrées par la magie du verbe. Dans le sens vulgaire, le fétichisme qualifie les formes dégénérées du religieux, déviation vers le matériel, substitution du symbole à la chose symbolisée. C'est ce qui expliquera l'existence des gris-gris, des amulettes, des statues...etc. dans les croyances religieuses africaines. Le totémisme quant à lui est cette parenté d'un individu ou d'un groupe humain avec un groupe animal plus rarement avec une espèce végétale et avec les phénomènes de la nature. E. Damman préfère parler des liens avec le milieu naturel. Le Bamiléké comme plusieurs autres ethnies d'Afrique Noire entretient des relations avec le monde animal, végétal ou un autre objet matériel avec lequel il se croit uni. C'est le totem qui est un animal que l'on veut ancêtre d'une personne, d'une famille ou d'un groupe. A ce titre, il est le protecteur, l'allégorie et reçoit les honneurs faits aux ancêtres ; Il existe donc une interdépendance entre ces deux mondes et la mort de l'un est supposée entraîner celle de sa doublure.

4. Voir à ce sujet : LUC de HEUCH, « Le sorcier, Le père Tempels et les jumeaux mal venus », in *La notion de personne en Afrique Noire*, Centre National de la Rechercher Scientifique, 1973, PP 231- 241.

5. Synthèse des Etudes ARVATRA Numéro deux à laquelle nous ajoutons les résultats de quelques enquêtes auprès des personnes ressources ; David Donfack, Maffo Lucienne, Chouna Martine, Bafou Avril- Mai 2009.

6. Pour cette rubrique des cérémonies liées au mariage en pays bamiléké, nous avons consulté les patriarches et femmes âgées du groupement Bafou.

7. Nous recommandons les poésies recueillies dans l'univers bamiléké par le géographe Jean Louis DONGMO, « Bénédiction paternelle » in *Lillian Kestelot,* Neuf poètes camerounais, Edition Clé, Yaoundé, 1971.

8. Entretien avec Megni Kana Régine à Bafou, le 08 Août 1999.

9. La bonne maladie renvoie à la période de grossesse, moment d'inquiétude et de joie réservée, et non de tristesse. La femme est alors dite «malade de Dieu», mais sa maladie est enviable car elle est une bénédiction de Dieu.

10. *Archives des Auchwâstiges Amtes, Bonn, Africa No7 (1884), Correspondance respecting the African Conference (Bostchaft London, Kolonialintar 388, protocole2.*

11. Jean Louis Dongmo, « Bénédiction paternelle » in *Lilian Kesteloot, neuf poètes camerounais*, édition clé, Yaoundé, 1971,pp 54-56.

12. Résultat d'enquête dans les chefferies Bamoungoun , Bafoussam et Batoufam où le rite est encore en vigueur.

13. A. Haley est un auteur américain connu pour son ouvrage *« Racine »* dans lequel il retrace ses origines à son ancêtre africain déporté en Amérique. Le livre a été traduit en français chez « j'ai lu » en 1980. Il a donné un feuilleton cinématographique et contribué à une plus grande prise de conscience de leurs origines africaines aux Noirs des Etats unis d'Amérique.

14. Ibidem.

15. Comme couronnement de l'effort de travail, on peut recevoir comme distinction honorifique un nom : « *Nkem- fo »*. L'exemple du nom attribué à ¨Mr Fotso Victor de Bandjoun , *Fowagap bigwon* ; celui qui attrape, dépèce et partage au monde est ici très illustratif.

16. L'enquête menée auprès des chefs traditionnels et notables des chefferies Batoufam ; Bamoumgoum et Bafoussam où les rites du *« Nekiang et du Nkak »* sont encore en vigueur. Vulgairement appelés « *Niang- Niang* », ces rites de passages auxquels sont astreints les jeunes de ces chefferies sont un élément important de la culture des peuples de l'Ouest – Cameroun. Ils ont la particularité de se dérouler tous les deux ans grâce à la diligence du chef du village, des notables dont la vocation est la transmission des valeurs de la société aux jeunes pour l'accession au rang de l'adulte.

17. Exemple de quelques classes d'âge dans la chefferie Bafou : Taakack – Mog Bet – Sa'aghan – Nkwa Bang – Mefoh leguem …

18. Entretien avec Mgr Gabriel Simo le 17 juillet 2002 à l'évêché de Bafoussam.

19. G. Kuitche Fonkou, enquête de juillet 2003. Cet initié et notable à la chefferie Bamougoum nous retraçait les étapes du rite « Nekiang ou Ngnangnang » encore en vigueur dans cette chefferie.

20. Quant on parle des funérailles dans la culture occidentale chrétienne, on désigne toutes les cérémonies qui s'accomplissent lors de l'enterrement d'une personne. Dans la culture bamiléké, les funérailles interviennent au contraire longtemps après l'inhumation, parfois deux, cinq, dix ans après et elles ont une portée beaucoup plus cultuelle lorsqu'il est question de la célébration officielle de l'entrée du défunt dans le groupe des ancêtres.

21. Dans leurs ouvrages, M.Ndongmo et M ; Kouam ont cherché à comprendre la spiritualité sous jacente à la pratique des funérailles en Afrique Noire. Ils sont unanimes que les morts, et notamment les ancêtres, peuvent efficacement contribuer à notre bonheur comme à notre malheur et par conséquent il faut leur témoigner la gratitude des vivants. *Mort et funérailles en Afrique Noire, Quelle signification aujourd'hui ? Faut-il en parler comme tradition de gaspillage ?* Édition terroirs, 2007, pp 44 à 52.

22. Môô Sop Nguimapi notable à la chefferie Bafou . Enquête du mois d'août 2000.

23. Th. Ketchoua, *Les peuples de l'Ouest –Cameroun en diaspora depuis 3000 ans*, Imprimerie Nationale, Yaoundé, P. 25.

24. Notons ici que l'on retrouve sur la table du sacrifice eucharistique, la pierre d'autel contenant des reliques (un os, un morceau de tissus...) d'un saint ou d'une sainte.

Conclusion

Nous avons présenté le cadre géographique du pays bamiléké, ainsi que les valeurs dont ce cadre aura favorisé l'éclosion. Nous pouvons dire sans risque de nous tromper que le Bamiléké, à l'instar d'autres peuples, est moulé dans un contexte géographique totalement imprégné du religieux. Il dispose des valeurs qui le situent dans la trame historique des peuples. Le milieu naturel est souvent abordé en terme géographique ou écologique. Une telle vision ne rend pas du tout compte des aspects purement cultuels ou culturels. Ces aspects constituent pourtant un enjeu pour l'équilibre psychique des groupes humains. En effet, c'est par l'adaptation à son milieu que tout homme élabore son système de croyances, ses institutions socio-économique et politique, bref son patrimoine culturel. A ce niveau, une nécessité d'établir le constat de l'identité de chaque groupe humain en tout point du globe s»impose. Chaque groupe a façonné une conception particulière de son existence, ceci en fonction du milieu naturel spécifique. Le Bamiléké ne pouvait échapper à cette loi naturelle. A l'instar de tout autre peuple, il a lui aussi élaboré son patrimoine culturel appelé à suivre la loi de l'évolution sous forme de conscience historique. Malheureusement, les Occidentaux –Chrétiens ont jeté un discrédit sur ces valeurs et l'ont incité à les abandonner. Le Bamiléké, comme les autres Africains a développé un complexe d'infériorité, abandonnant ses valeurs pour adopter celles de l'occident. Ce processus a un nom : acculturation. Dans ce contexte, la prise en compte des valeurs africaines s'avère inévitable dans tout processus de développement. Elle a été quelque peu négligée au profit de la dimension politico- économique. C'est dans cette optique que nous dégageons quelques points essentiels en guise de conclusion pour des perspectives d'un développement durable.

A. Reconsidérer la conception africaine de l'Homme et de la vie

Il s'agit de reprendre la conception africaine de l'Homme et de la vie qui est une conception de la totalité intégrant Dieu le créateur, le monde, l'environnement et lui-même. (Cf. le diagramme de la transcendance qui nous a été proposé par Kange Ewane et qui met en relief l'Africain en symbiose avec son environnement). Ceci lui redonnera sans doute confiance en lui-même pour sortir du complexe d'infériorité.

Mais que doit faire pratiquement l'Africain actuellement ? S'il s'est laissé corrompre facilement et vivre le discrédit de ses cultures, il devra maintenant s'atteler à se réarmer lui-même de sa culture. Un dicton très populaire dans la tradition bamiléké ne lui rappelle-t-il pas que *« L'on ne peut pas laver quelqu'un sans qu'il se frotte au moins le ventre »* ?

L'Africain, le Bamiléké, doit s'adonner à enlever en lui les scories civilisatrices qui, depuis plus d'un siècle, ont hypothéqué son développement dans tous les sens. Cette première exigence ne peut être rempli par personne d'autre que lui-même.

B. Vivre les pratiques cultuelles et culturelles qui intègrent l'homme dans son terroir et s'ouvrir au progrès

Ce deuxième point concerne l'effort d'ouverture au progrès de l'humanité en quête d'une vie quotidienne plus épanouie, et d'une éternité de vie épanouissante selon la culture bamiléké qui aspire à *« l'homme qui meurt sans mourir »*[1]. Nous parlons d'ouverture au progrès, mais de quel progrès ? La question qui est à poser serait de savoir si les valeurs religieuses peuvent être un frein au progrès. A cet effet les opinions semblent partagées. D'aucuns penchent pour l'affirmative et pensent que ces valeurs ne peuvent être que nuisibles à toute expansion. Car ils affirment que trop de paysans dilapident leurs biens au point de se ruiner et de s'endetter pour satisfaire leur *« instinct religieux »*. Un progrès ne peut jamais se réaliser dans ce contexte précisent-ils. D'autres soutiennent le contraire et pensent que ces valeurs peuvent être un stimulus pour le progrès. Nous sommes de ceux -là.

Pour nous, il faut dans un premier temps regarder de très près cette notion de progrès, souvent corollaire du développement économique. Notion que nous ne saurons réduire à un développement des forces de production excluant les domaines socio-culturels. En d'autres termes, le développement signifie-t-il exclusivement accumulation de richesses ? Il y a certes des choses qui ne sont pas quantifiables et dans ce sens, nous pensons qu'à travers les valeurs religieuses, l'Afrique a quelque chose à apporter au concert des nations. N'est-il pas paradoxal que l'homme atteigne les astres lointains tout en restant quotidiennement incapable d'être vraiment proche de son voisin ?

Les croyances religieuses africaines comportent des valeurs à préserver pour la postérité. Nous entendons par valeurs, ces principes influençant la vie des groupes humains, déterminant le comportement des communautés à l'égard des réalités sociales religieuses et politiques. Elles sont un gage de progrès, car constituent la plate forme de tout l'édifice de toute société. Si donc le progrès, dans le sens large du terme, poursuit les mêmes objectifs, nous pensons sérieusement que toute tentative d'explication des problèmes africains ne peut se faire sans considération des données du substratum religieux.

Cet examen critique devrait conduire non seulement à revaloriser, mais aussi à permettre à l'Africain de vivre certaines formes d'expressions culturelles qui peuvent l'aider à figurer honorablement au grand rendez-vous universel « du donner et du recevoir » qu'est la mondialisation. Et l'apport vital de l'Afrique devrait aller dans le sens des choses auxquelles le héros de Cheikh Amidou Kane, la Grande Royale répliquant à ceux qui proposaient le départ de son petit-fils vers la grande école des Blancs ; « *ce qu'il va apprendre vaut-il ce qu'il va oublier ?* »

L'Africain est-il par lui-même capable de faire face à ses défis ? Pour beaucoup, il est plutôt affligé d'une incapacité naturelle. Ils s'emploient énergiquement à le montrer, convaincus de l'obsolescence de la culture africaine, dans toute sa diversité, face aux défis qui se posent au continent. Cette forme d'iconoclasme a ses vaillants hérauts. La Camerounaise Axelle Kabou, avec son fracassant livre publié en 1991, *Et si l'Afrique refusait le développement ?* représente certainement la figure la plus emblématique de ce courant.

Son compatriote Daniel Etounga Manguelé avait signé une année auparavant en 1990, un tout autant destructif, *l'Afrique a-t-elle besoin d'un programme d'ajustement structurel ?* D'autres intellectuels Africains iconoclastes se sont également acharnés à nier toute virtualité à la culture africaine.[2] D'autres encore ; tirant partie de la situation actuelle qui prévaut sur le continent africain considèrent que la solution à la crise africaine est déjà trouvée ou bien en voie de l'être et par conséquent, l'Afrique se trouve sur le chemin de développement. Nous pensons que ces intellectuels contribuent plutôt à démobiliser les jeunes générations sur ce front de lutte, à savoir la revalorisation du patrimoine culturel africain pour sortir de cette nasse stigmatisée par Kange Ewane (2000) En réalité, l'on ne saurait, au vu de la situation politique, économique et sociale tout à fait déplorable qui prévaut actuellement sur le continent africain, considérer d'une façon simpliste que l'Afrique est sur la bonne ou la mauvaise voie pour emprunter l'expression du Français René Dumont *L'Afrique noire est mal partie*. Nous disons que la situation actuelle de l'Afrique résulte en partie de la rupture de la conscience historique. Comment créer donc les conditions matérielles et immatérielles de notre existence ? Nous pensons que l'Afrique doit retrouver pleinement son identité et doit savoir d'où elle vient et où elle va. Elle utilisera sa culture comme background, ce qui lui permettra de répondre aux exigences du modernisme, Comme le disait Cheikh Anta Diop en intégrant les éléments nouveaux, dans un milieu intégrant, lequel est la société reposant sur un passé, non pas sur sa partie morte, mais sur sa partie vivante (Cheikh Anta Diop 1979 :16).

Nous pensons qu'au moment où en Afrique, les stratégies de développement semblent ignorer cette dimension religieuse, notre préoccupation est d'attirer l'attention sur ce vecteur de développement. Il s'agira de mettre sur pied une politique de refonte du tissu social africain, et en paraphrasant Cheikh Anta Diop, cette politique de réappropriation de notre historicité.

Notes

1. Nous l'avons vu dans la conception Bamiléké, l'homme est la création de Dieu d'où son rêve de revenir à son créateur, rêve qui devant le phénomène de la mort s'explique par *« mourir sans mourir »* Ce qui expliquera le culte des ancêtres et les rites funéraires, son rêve d'une progéniture nombreuse. Et enfin après la mort d'une éternité de vie heureuse auprès de son créateur.

2. Nous citons ici le Béninois Roger Gbegnonvi qui, dans deux numéros du forum de la semaine (du 7 au 13 et du 14 au 20 sept 1994) s'est défendu de cette interrogation, « Pourquoi l'Afrique noire ne peut pas se développer ? avant de fustiger la culture africaine. Le Malien Tidiane Diabake, le Congolais Kâ mana... etc.

1– Ouvrages Généraux

BALANDIER G., (1986) *Anthropologie politique*, 3ᵉ édition, Paris, P.U.F.

BARRACLOUGH G., (1980) *Tendances actuelles de l'histoire*, Paris, Flammarion.

BERNAL M., (1996) Black Athéna, Les racines Afro-asiatiques de la civilisation, T1, Paris, P.U.F.

CLAUSSE A., (1972) Le milieu: moyen et fin de la culture, Paris, scarabée.

EVANS-PRITCHARD, (1971) *La religion des primitifs*, Paris, Payot.

FASI DIR M. El., (1990) *Histoire générale de l'Afrique*, Paris, UNESCO, N.E.A.

FRANCHE D., (2004) généalogie du génocide Rwandais, Paris édition Tribord.

GARAUDY G., (1978) *Comment l'homme devient humain*, Jeune Afrique.

GRIMBERG C., (1983) *Histoire Universelle, T1, L'aube des civilisations* , Marabout.

HOIJER H., et BEALS R. L., 1965) *Introduction to anthropology*, New York.

MAQUET J., (1996) *Les civilisations noires*, Belgique, Des presses de Gérard et compagnie.

MAQUET J. (1968) *Dictionnaires des civilisations africaines*, Paris, Fernand Hazan.

MIRCEA E., (1957) *Mythes Rêves et Mystères*, Paris, Gallimard.

MIRCEA E., *Le sacré et le profane*, Paris, Gallimard, 1965.

MONGO BETI, 1976) Le p*auvre Christ de Bomba*, Paris, Présence Africaine.

STEWARD J., (1979) *Theory of culture change*, Chicago, University of Illinois press.

2- Ouvrages théoriques sur l'Afrique et le Cameroun

AGUESSI, (1977) « De la religion africaine comme source de valeur de culture et de civilisation » in *Civilisation noire et Église catholique, colloque d'Abidjan*, 12-17 septembre 1977, Paris, présence africaine

ASSMANN I., (1994) Mâat, *L'Égypte pharaonique et l'idée de Justice sociale*, Julliard.

ALEXANDRE P., (1968) *Dictionnaire des civilisations africaines*, Paris.

ASSONGBANG R., (1984) Archaeological history and culture change in Cameroon in Savannization process in *African history*, vol 25, London, Cambridge University press.

BALANDIER G. et MORIN, (1996) *Le haut et le bas. Situation sociale, paysage et évolution des milieux dans les montagnes d'Afrique Centrale ; Cameroun- Tchad*, éd. Du CRET.

BARBIER J. C., (1977) *Essai de définition de la chefferie en pays Bamiléké*, Yaoundé, O.NA.R.E.S.T.

BONHEME M.A.et FARGEAU A., (1957) *Pharaon, les secrets du pouvoir*, Paris, A. Colin.

CHAMPAUD J., (1981) *L'espace commercial des bamiléké*, O.R.S.T.OM.

CHAMPAUD J., (1980) *Atlas régional Ouest II*, O .R.S.T.O.M .

CHEIKH A. D., (1960) *L'unité culturelle de l'Afrique Noire*, Paris, Présence africaine.

CHEIKH A. D., (1960) *Les fondements économiques et culturels d'un état fédéral d'Afrique Noire*, Paris, Présence africaine.

CHEIKH A. D., (1977) *Parenté génétique de l'Egypte pharaonique et des langues négro-africaines*, Dakar, IFAN, N.E.A.

CHEIKH A. D., *(1979) Nations nègres et culture, présence africaine*, Paris, Tome I et II.

CHEIKH A. D., (1981) *Civilisations ou barbarie*, paris, Présence africaine.

CHEVRIER J., (1984) *Littérature nègre*, Paris A. Colin.

COLIN, A., (1968) *L'Afrique Noire contemporaine*, Paris.

CORNEVIN R., (1973) *L'Afrique Noire de 1919 à nos jours*, Paris, P.U.F.

CORNEVIN R., (1999) *Histoire de l'Afrique, l'Afrique précoloniale du tournant du XVIe siècle au tournant du XIXe siècle*, Paris, Payot.

Collectif, 1985) *Histoire Générale de l'Afrique*, U.N.E.S.C.O./ N.E.A.

DELAROZIERE R., (1950) *Les institutions politiques et sociales des populations dites Bamiléké.,IFAN.*

DJACHE NZEFA S., (1994) *Les chefferies Bamiléké dans l'enfer du modernisme,* France, Menaibuc-Dila.

DONGMO J. L., (1971) *L'aménagement de l'espace rural en pays Bamiléké (Ouest - Cameroun),* Thèse de Doctorat 3ᵉ cycle en géographie, Lille.

DONGMO J. L., (1971) « Bénédiction paternelle » *Liliane kestelot,* " neuf poètes camerounais", Yaoundé, clé.

DONGMO J. L., (1981) Le dynamisme Bamiléké, la maîtrise de l'espace agraire, Paris.

DONGMO M. et KOUAM M., (2007) *Mort et funérailles en Afrique Noire. Quelles significations aujourd'hui ? Faut-il en parler comme tradition de gaspillage ?* Yaoundé, Edition Terroirs.

DRIOTON E. et VANDRIER J. (1973) L'Egypte, Des origines à la conquête d'Alexandre le Grand, Paris, P.U.F.

DJOUMESSI O., (1979) L'interprétation de l'indépendance par certaines chefferies vassales Bamiléké: le cas des vassaux de Bafou, Mémoire de D.E.S. en Histoire, Université de Yaoundé.

DUGAST I., *(1981) Inventaire ethnique du sud Cameroun,* Paris, Payot.

DIAKITE T., (1986) *L'Afrique malade d'elle même,* Karthala, Paris.

DIETERLEN G., (1973) La notion de personne en Afrique noire, Paris, CNRS.

FOKAM P. K., (2000) *Et si l'Afrique se réveillait?,* Jaguar.

FROELICH J.C., (1964) *Animisme, les religions païennes de l'Afrique de l'Ouest,* Paris, Orante.

GHOMSI E., (1972) *Les Bamiléké du Cameroun: Essai d'étude historique des origines à 1920,* Thèse de Doctorat 3ᵉ cycle en Histoire, Paris.

GOMMES EANES DE ZURARA, (1960) *Chronique de Guinée,* Mémoire de l'IFAN.

HUSSON G. et VALBELLE D., (1992) *L'Etat et les institutions en Egypte, des premiers pharaons aux empereurs romain,* Paris, A. Colin.

KANGE EWANE, (2000) *Défi aux Africains du IIIe millénaire*, Yaoundé, édition Clé.

KANGE EWANE, (2000) *Semences et moisons coloniales, un regard d'Africain sur l'histoire de la colonisation*, Yaoundé, Clé.

KI   -ZERBO J., (1972) *Histoire générale de l'Afrique Noire*, Paris, Hatier.

KUETE M., (2000) « Espace, pouvoir et conflit dans les Hautes Terres de l'Ouest -Cameroun sous les différentes colonisations », *Espaces et Sociétés*, Yaoundé, P.U.Y.

KUETE M., (2000) « Le milieu physique des Hautes Terres de l'Ouest - Cameroun: un espace aux caractéristiques naturelles difficiles », *Espaces et Sociétés*, Yaoundé, P.U.Y.

KETCHOUA Th, *Les peuples de l'Ouest- Cameroun en diaspora depuis 3000 ans*, Imprimerie nationale, Yaoundé,

KUITCHE FONKOU G., (1988) *Création et circulation des discours codes en milieu Ngyemba-Mungoum*, Thèse de Doctorat d'état es Lettres, Université de Lille.

KOLPAKTCHY G., (1978) *Livre des morts des anciens égyptiens*, Stock.

LETOUZEY B. (1968) *Etude phytogéographique du Cameroun*, Paris

MAQUET J., (1965) « Connaissance des religions traditionnelles commentaires épistémologiques » *Les religions africaines traditionnelles*, rencontres internationales de Bouaké, Paris, Seuil.

MASUDI FASSASSI, (1978) *L'architecture en Afrique Noire*, François Maspero.

MERCIER P., (1968) Dictionnaire des civilisations africaines, Paris, Fernand Hazan.

MONGO BETI et TOBNER O., 1989) *Dictionnaire de la Négritude*, Paris, Harmattan.

MORIN S., (1996) *Le haut et le bas, situation sociale, paysage et évolution des milieux dans les montagnes de l'Afrique Centrale; Cameroun – Tchad*, Paris, C.R.E.T.

MVENG E., (1985) *Histoire du Cameroun*, tome II, Yaoundé ; C.E.P.E.R..

NDJEUMA M. Z., (1978) *Fulani hegemony in Yola (old Adamaoua) 1809-1902*, Yaoundé, C.E.P.E.R.

NOTUE J. P., (1991) *Chronologie et histoire de l'art au grassland (Cameroun), approche méthodologique*, Yaoundé, (C.) M.E.S.I.R.E.S/ORSTOM.

NIZESETTE B. D., (1996) « L'homme, les arbres et le bois à l'Ouest - Cameroun, des éléments d'ethnobotanique d'archéologie du bois », *annales de la faculté des lettres et sciences humaines,* Université de Ngaoundéré, vol I.

OBENGA T., (1980) *L'Afrique Noire précoloniale,* Paris, présence africaine, 1980.

OBENGA T., CHEIKH ANTA DIOP, *Volney et le sphinx, contribution de CHEIKH ANTA DIOP à l'historiographie mondiale,* Paris, présence africaine.

PANGOP A. (1997) « Rituel et théâtralité chez les grassfields ; le cas du rite d'initiation Nekang » *in Théâtre africain, de l'écriture dramatique au jeu scénique/* Acte du colloque de Yaoundé.

SAHA Z., 1993), *Le Bezirk de Dschang: relations entre l'administration coloniale allemande et les autorités traditionnelles (1807-1914),* Mémoire de Maîtrise, Université de Yaoundé.

TAGUE FOTSO A., 1995) *Aux sources du sous développement africain: colonisation et conscience historique,* Mémoire de maîtrise, Université de Yaoundé I.

TARDITS C., (1960) *Contribution à l'étude des populations Bamiléké de l'Ouest Cameroun,* Paris.

TEGOMO NGUETSE, (1997) *Evangéliser, notre vision de la mort et des morts,* Bayangam, collection Juo gholà ; série théologique pastorale, juin.

THOMAS L.V. et LUNEAU R., (1992) *La terre africaine et ses religions,* Paris, Larousse.

TITIANMA SANON et LUNEAU R, (1982) *Enraciner l'évangile, initiations africaines et pédagogie de la foi, rites et symboles,* Paris édition du Cerf.

VALBELLE D., (1978) *Histoire de l'Etat pharaonique,* Paris, P.U.F.

WARNIER J. P., (1984) « Histoire du peuplement et genèse des paysages dans l'Ouest – Camerounais » *Journal of African History,* vol 25, N° 4, London, Cambridge University press .

WATIO D. (1994), *Le culte des ancêtres chez les Ngyemba (Ouest – Cameroun) et ses incidences pastorales,* Bamenda, Unique Printers.

ZAHAN D., (1970) *Religion, spiritualité et pensée africaine,* Paris, Payot.

3 - Sources Orales : Nous précisons que la liste des enquêtés publiée ici est celle de l'échantillon séllectionné et parfois cité dans l'ouvrage

N°	Noms et Prénoms	Ages (ans)	Lieux	Dates enquête	Observations
1	Samuel Endeley	80	Buéa	Mai 2003	Chef traditionnel
2	KANA Régine	61	Bafou	Août 99-01	Femme consacrée
3	KENNE Alfred	60	Fongo-Tongo	Janvier 2001	Chef traditionnel
4	MOMO Jean Claude	70	Foto	Mai 2000	Chef traditionnel (Baptisé)
5	MO'O SOB NGUIMAPI	85	Bafou	Août 2000	Notable
6	NKEM LEMOH Martin	77	Bafou	Août 2000	Notable
7	SIMO Gabriel (Mgr.)	72	Bafoussam	Juillet 2002	Evêque auxiliaire
8	SOLEFACK Simon	54	Bafou (Batsingla)	Août 1999	Chef traditionnel
9	TCHINDA J. de Dieu	67	Bansoa	Nov. 1999	Chef Traditionnel
10	TEKOBOU Germain	45	Bafou (Nkoho)	Août 2000	Chef traditionnel (Baptisé)
11	YMELE Réné	70	Fosso Watseng	Mai 2000	Chef traditionnel
12	FOTSO Justin (Dr.)	55	Bangangté	Juillet 2003	Chrétien
13	TCHAKOU NTE Hervé	24	Bansoa	Juillet 2000	étudiant et fils d'un notable
14	TCHAGAN G Roger	24	Batoufam	Mars 2000	Etudiant et fils d'un notable
15	Kuitche Fonkou Gabriel	55	Bamou-goum	2002	Notable et élite Bamoungoum .

16	Donfack David	45	Bafou	Avril mai 2009	Homme consacré (Nkemsi)
17	Maffo Lucienne	48	Bafou	Avril-mai 2009	Femme consacrée (Djuissi)
18	Chouna Martine	75	Bafou	Avril–mai 2009	Femme consacrée (Djuissi)
19	Dongmo Justine	75	Bafou	Août 2000	Femme consacrée (Megni)

Titres publiés par *Langaa* RPCIG

Francis B. Nyamnjoh
Stories from Abakwa
Mind Searching
The Disillusioned African
The Convert
Souls Forgotten
Married But Available
Intimate Strangers

Dibussi Tande
No Turning Back. Poems of Freedom 1990-1993
Scribbles from the Den: Essays on Politics and Collective
Memory in Cameroon

Kangsen Feka Wakai
Fragmented Melodies

Ntemfac Ofege
Namondo. Child of the Water Spirits
Hot Water for the Famous Seven

Emmanuel Fru Doh
Not Yet Damascus
The Fire Within
Africa's Political Wastelands: The Bastardization of Cameroon
Oriki'badan
Wading the Tide
Stereotyping Africa: Surprising Answers to Surprising Questions

Thomas Jing
Tale of an African Woman

Peter Wuteh Vakunta
Grassfields Stories from Cameroon
Green Rape: Poetry for the Environment
Majunga Tok: Poems in Pidgin English
Cry, My Beloved Africa
No Love Lost
Straddling The Mungo: A Book of Poems in English
& French

Ba'bila Mutia
Coils of Mortal Flesh

Kehbuma Langmia
Titabet and the Takumbeng
An Evil Meal of Evil
The Earth Mother

Victor Elame Musinga
The Barn
The Tragedy of Mr. No Balance

Ngessimo Mathe Mutaka
Building Capacity: Using TEFL and African Languages as
Development-oriented Literacy Tools

Milton Krieger
Cameroon's Social Democratic Front: Its History and Prospects as
an Opposition Political Party, 1990-2011

Sammy Oke Akombi
The Raped Amulet
The Woman Who Ate Python
Beware the Drives: Book of Verse
The Wages of Corruption

Susan Nkwentie Nde
Precipice
Second Engagement

Francis B. Nyamnjoh & Richard Fonteh Akum
The Cameroon GCE Crisis: A Test of Anglophone Solidarity

Joyce Ashuntantang & Dibussi Tande
Their Champagne Party Will End! Poems in Honor of Bate
Besong

Emmanuel Achu
Disturbing the Peace

Rosemary Ekosso
The House of Falling Women

Peterkins Manyong
God the Politician

George Ngwane
The Power in the Writer: Collected Essays on Culture, Democracy
& Development in Africa

John Percival
The 1961 Cameroon Plebiscite: Choice or Betrayal

Albert Azeyeh
Réussite scolaire, faillite sociale : généalogie mentale de la crise
de l'Afrique noire francophone

Aloysius Ajab Amin & Jean-Luc Dubois
Croissance et développement au Cameroun :
d'une croissance équilibrée à un développement équitable

Carlson Anyangwe
Imperialistic Politics in Cameroun:
Resistance & the Inception of the Restoration of the Statehood
of Southern Cameroons
Betrayal of Too Trusting a People: The UN, the UK and the Trust
Territory of the Southen Cameroons

Bill F. Ndi
K'Cracy, Trees in the Storm and Other Poems
Map: Musings On Ars Poetica
Thomas Lurting: The Fighting Sailor Turn'd Peaceable /Le marin
combattant devenu paisible
Soleil et ombre

**Kathryn Toure, Therese Mungah
Shalo Tchombe & Thierry Karsenti**
ICT and Changing Mindsets in Education

Charles Alobwed'Epie
The Day God Blinked
The Bad Samaritan
The Lady with the Sting
What a Next of Kin!

G. D. Nyamndi
Babi Yar Symphony
Whether losing, Whether winning
Tussles: Collected Plays
Dogs in the Sun

Samuel Ebelle Kingue
Si Dieu était tout un chacun de nous ?

Ignasio Malizani Jimu
Urban Appropriation and Transformation: bicycle, taxi and
handcart operators in Mzuzu, Malawi

Justice Nyo' Wakai
Under the Broken Scale of Justice: The Law and My Times

John Eyong Mengot
A Pact of Ages

Ignasio Malizani Jimu
Urban Appropriation and Transformation: Bicycle Taxi and
Handcart Operators

Joyce B. Ashuntantang
Landscaping and Coloniality: The Dissemination of Cameroon
Anglophone Literature
A Basket of Flaming Ashes

Jude Fokwang
Mediating Legitimacy: Chieftaincy and Democratisation in Two
African Chiefdoms

Michael A. Yanou
Dispossession and Access to Land in South Africa:
an African Perspevctive

Tikum Mbah Azonga
Cup Man and Other Stories
The Wooden Bicycle and Other Stories

John Nkemngong Nkengasong
Letters to Marions (And the Coming Generations)
The Call of Blood

Amady Aly Dieng
Les étudiants africains et la littérature négro-africaine d'expression
française